管理要懂心理学

国缝◎编著

中国纺织出版社有限公司

内 容 提 要

“得人心者得天下”，领导干部若想成为一名成功的领导者，就要有了解人心、解读人心的本领。每天学点心理学，提升识人读心的能力，消除下属对自己的距离感，拉近双方距离，凝聚团队力量，这样才能成为令人信服的领导者。

本书站在领导者的角度，分析下属心理，从而实施有效的管理策略。丰富翔实的职场案例，更容易将读者带入其中，令读者从自身的视角看到职场中运用管理心理学的必要。本书从掌控全局、分析本质、听话听音、修炼内心、真心打动、知人善用、有效沟通等多个方面解读作为领导应掌握的管理心理学的奥秘，帮领导提升管理能力，高效执行管理决策。

图书在版编目（CIP）数据

管理要懂心理学 / 国缝编著. --北京：中国纺织出版社有限公司，2021.3

ISBN 978-7-5180-7812-7

Ⅰ. ①管… Ⅱ. ①国… Ⅲ. ①管理心理学 Ⅳ. ①C93-051

中国版本图书馆CIP数据核字（2020）第163694号

责任编辑：赵晓红　　责任校对：江思飞　　责任印制：储志伟

中国纺织出版社有限公司出版发行

地址：北京市朝阳区百子湾东里A407号楼　邮政编码：100124

销售电话：010—67004422　传真：010—87155801

http：//www.c-textilep.com

中国纺织出版社天猫旗舰店

官方微博http：//weibo.com/2119887771

三河市延风印装有限公司印刷　　各地新华书店经销

2021年3月第1版第1次印刷

开本：880×1230　1/32　印张：6

字数：163千字　定价：39.80元

前言

领导者，顾名思义，就是带领和引导大家的人。他们比别人更懂得经营人心，他们知道管理就是管人，管人就是管心。

那么，什么是管心呢？无疑就是管理员工的心理。这就要求领导者必须精通心理学。因为当一个领导者对个人或者团队的心理活动发生、发展的规律了解并掌握之后，就能够很容易地描述出员工的心理现象，并找到现象背后的真正原因，从而预测员工以后的心理和行为，最终达到对员工的心理活动和行为进行超前管理或者积极调控的目的。这样就大大提高了领导者管理的主动性和有效性，也直接提升了员工的工作效率。

然而，很多人认为心理学是一门非常深奥、专业性很强的学科，而且需要很多其他学科的支持，怎么可能轻易学会。因此对于绝大多数领导者来说，尽管很想通过心理学来提高自己的管理水平，但由于从心理上就认为心理学晦涩难懂，特别是一些专业术语更是让人费解，所以望而却步。

在这种情况下，就迫切需要一条纽带将领导者的工作和心理学知识完美结合起来，而本书无疑就是这样一条纽带。

本书具有以下特点：

1. 可读性强

本书并不像教科书那样进行高深莫测的讲解和阐述，而是每个话题都通过轻松有趣、富有哲理的故事向读者展现出来，力求深入浅出，生动活泼，以便读者在阅读的时候，不仅感到轻松愉快，而且学到丰富的心理学知识，通过掌握各种心理方法和技巧，感受管理的快乐，领悟管理的真谛。

2. 实用性强

本书的实用性主要体现在：领导者通过阅读此书，了解员工的心理特征，从而在管理过程中、在调整他人的行为举止中，作出正确的决定。本书对心理学和管理学进行了很好的结合。不仅可以使领导者提高自己的心理修养，而且使领导者学会对下属的内心活动进行深入的剖析。除此之外，本书还列举了大量的事例，极大地增强了本书的实用性和可操作性。领导者在阅读本书时，既能让自己储备实践经验，又能让自己更好地思考并得到诸多启示。

本书适用范围广泛，不论是企业单位，还是事业单位，只要你试图让自己成为一个优秀的领导者，相信本书能为你提供帮助，便于你在管理过程中减少失误，尽快踏上一个更高的台阶。

编著者

2020年4月

目录

第1章

修炼内心，领导者要维护自身的健康心理

一个优秀领导者真正的领导力并非外在的技能，而是源于他的内心和精神。卓越的领导者或许不擅长人际交往和沟通，但他一定是一个有着过硬的内心素质，心怀宽广、心态乐观、敢于担当、永远保持着工作激情的人。

约翰逊效应：领导者要具备最过硬的心理素质

约翰逊效应得名于一名叫约翰逊的运动员。他平时训练有素，实力雄厚，但在体育赛场上却连连失利。人们借此把那种平时表现良好，但由于缺乏应有的心理素质而导致竞技场上失败的现象称为“约翰逊效应”。

在日常生活中，我们经常会看到这样的现象：一个中学生平时成绩非常优秀，高考的时候却名落孙山；一个运动员平时表现良好，在赛场上却发挥失常，饮恨败北；一个领导者平时说话有如决堤之江，滔滔不绝，可一到正规场合就语无伦次、支支吾吾，等等。仔细想想，这些人虽然“实力雄厚”，却最终“赛场失误”，唯一的解释只能是心理素质问题，如果一个人把得失看得太重，那么每到关键时刻往往由于自信心不足而造成失利。生活就是这样，你越害怕什么，就越容易出现什么。

后羿是一位非常有名的神射手，他练就了一身百步穿杨的好本领，不管是立射、跪射还是骑射，他都样样精通，而且每一箭都射到靶心，从来没有失手过。人们都传颂他高超的射箭技术，佩服他的本领。

他的高超射技很快就传到了国王的耳朵里，国王亲眼看过后羿的表演后，非常欣赏他的功夫。一天，国王想再次领略一下后羿炉火纯青的射箭技术，于是他把后羿召入宫中，让他一个人表演功夫。

国王命人把后羿找来，带他到御花园里找了一个开阔地带，并为他准备了一个靶心直径大约一寸的兽皮箭靶，国王对后羿说："今天请你来，是想让你再一次展示你那精湛的本领，你就以这个箭靶为目标，不过为了让这次表演更加有意义，有彩头，我给你定了一个赏罚规定：如果你在两箭之内，有一箭射中靶心，我就赏赐给你黄金万两；而如果你射不中的话，我就削减你一千户的封地。好了，您现在可以开始了。"

后羿听了国王的话，心情变得紧张起来，面色也变得凝重起来。他慢慢地走到离箭靶一百步之远的地方，取出一支箭搭上弓弦，摆好姿势拉开弓开始瞄准。

后羿心里想：射中了还好说，一旦射不中可是丢了一千户封地啊。他越想就越紧张，一向镇定的后羿此时呼吸变得急促起来，手也开始微微发抖，瞄准的时候总感觉没有瞄准，好几次都没有射出箭。后羿做了一个深呼吸，下定决心后，松开了弓弦，结果只听"啪"的一声，箭钉在了离靶心足有几寸远的地方。

后羿脸色一下子变白了，他没有说话，又拿出了一支箭搭上弓弦，可是此时他的精神更加难以集中，结果射出的箭更加偏离靶心。

后羿收拾好自己的弓箭，勉强赔笑地向国王告辞，然后悻悻地离开了王宫。国王心里非常失望，但是他此时更多的是疑惑，他问自己的手下："后羿被人称为神箭手，他射箭从来都是百发百中，可是，为什么今天给他定了一个赏罚规则，他就和平时表现相差这么多呢？"

手下对国王解释说："后羿平时射箭，只不过就是练习练习，所以他抱着一颗平常心，水平自然可以正常发挥，可是今天却不一样，今天他射出的成绩直接关系到他的切身利益，这个时候，你叫他怎能静下心来充分发挥自己的射箭技术呢？"

本来稳操胜券的后羿，因为心理负担过重而大失水准，最终黯然离场。他的悲剧有各种各样的解释，但是我们从心理学上分析，可以归因于约翰逊效应。

领导者作为企业的一名管理人员，一定要具备过硬的心理素质，对于那些心理状态不良的领导者想走出"约翰逊效应"的怪圈，唯有通过训练心理来提高心理素质这一途径，从而克服对失败的恐惧感，把成败得失看成一件正常的事情。

1.别患得患失

一个领导者在工作过程中对得失、成败要辩证地看，只有不贪求名利，你才会在任何时候都能正常地发挥自己的水平。有些东西你越刻意追求，就越容易失去，因此，一定要以一颗平常心去面对工作中的一切。

2.磨炼坚强的意志

坚强的意志是一个领导者应该具备的重要心理素质，因为坚强的意志不仅反映了领导者个人的立场问题，而且也是领导者自觉调整实现预期目标的心理素质问题。坚强的意志会使领导者更加明确自己的目标和方向，使领导者自觉克服认识过程中的困难，积极地认识和掌握事物的发展规律，从而使企业更好、更快地发展。

3.专注于某个目标

当领导者对一个目标真正做到专注时，往往能抑制心里的恐惧，甚至忘记恐惧，因此领导者做任何事情都应该用心去做，把所有的思想都专注于工作中。

领导者应胸怀宽广，凡事都能大度而为

什么样的领导才是一名好领导？如何当好领导？惠普大中华区前总裁孙振耀先生说：好领导要有宽广的心胸，如果一个领导每天都会发脾气，那几乎可以肯定他不是个心胸宽广的人，能发脾气的时候却不发脾气的领导，多半是非常厉害的领导。

如今，在中国企业里，很多领导者最大的毛病就是容忍不了跟自己闹矛盾的员工、不希望看到下属的能力比自己强，所

以经常可以看到的一个现象是：领导者很有能力，但手下却是一群庸才或者一群闲人。领导者用人要心胸宽广，因为你用人的时候，不是看谁和你过意不去，谁对你最友好，而是看谁的能力更强，谁才是企业真正需要的人才。

春秋时期，齐国国君齐襄公被人谋害。他的两个兄弟公子纠和公子小白知道这个消息后，都急于回国争夺君位。他们两人各有一个师傅，公子纠的师傅是管仲，而公子小白的师傅是鲍叔牙。

管仲是一个很有能力的人，很聪明也很忠诚。为了让公子纠顺利登上君位，他在公子小白回齐国的路上设下了埋伏。看到公子小白后，管仲举起弓箭射向了小白。看见小白大叫一声倒在车里，管仲以为小白已经死了，就不慌不忙地护送公子纠回齐国。谁知小白并没死，而是诈死。等到管仲和公子纠进入齐国国境时，小白和鲍叔牙早已抄小路抢先回到了国都临淄，公子小白顺利当上了齐国国君，即齐桓公。

即位后的齐桓公首先做的事情就是杀死公子纠，并把管仲送回齐国治罪。等管仲被押送到齐国时，鲍叔牙立即向齐桓公举荐管仲。齐桓公非常生气地说："管仲这个小人用弓箭射我，想杀死我，我怎能留他？"鲍叔牙说："他用箭射你，是因为他当时是公子纠的师傅，这说明他很忠心。而且论本领，他也比我强很多。主公如果想做一番大事业，管仲是一个非常有用的人选。"

心胸宽广的齐桓公听了鲍叔牙的话，觉得有理，不但没有给管仲治罪，反而任命他为相，让他管理国政。在管仲的帮助下，齐桓公整顿内政，开发富源，大开铁矿，多制农具，后来齐国变得越来越富强。

如果你只是一名员工，心胸狭窄顶多影响自己的为人，影响自己的发展，而如果你是一个领导者，心胸不够宽广则很可能会给自己和企业带来很大的危害。然而在企业里，总有一些领导者心胸不够宽广，下属给他提点意见，他就觉得是不认可他，给别人穿小鞋，有人和他提出不同的观点，他就把对方划分到自己的交际圈外。今天觉得这个下属有问题，明天觉得那个下属不忠心，最终搞得整个团队没有人敢说话。这样下去，表面上看起来自己好像能够呼风唤雨，但实际上，你已经是一个孤家寡人了。

因此，作为一个领导者，心胸还是应该宽广一些，心里要容得下人，具体应做到以下几点：

1.要有容人之短的胸怀

金无足赤，人无完人。在这个世界上，没有哪个人是至贤至圣、完美无缺的，领导者如此，员工也如此。一个人的优点和缺点，大多都是相伴而生的，既然你认可对方的优点，那么也必须接受这个人的缺点，切不可对有缺点和不足的下属，求全责备、孤立打击、编入“另册”、弃之不用。

2.要有容人之长的美德

容人之短不易，容人之长更难。在企业里，下属积极向上，追求进步，能力很强，作为领导者，应该以此为豪，然而很多领导者却心胸狭窄，嫉贤妒能，容不下比自己能力强的下属。看到同事立功受奖，心里就发酸，看到下属才高过自己，心里就不安。有的领导者甚至不惜违反组织规则，排挤对方，或者将对方弃之不用。试想，这样的领导者，又怎会有进步，又怎能带出一个优秀的团队？

领导者一定要有容人之长的美德，热情地鼓励和支持每一个比自己能力强的下属，只有这样，团队才能发展得更快、更好。

3.要有容人之异的肚量

一个企业或者团队的内部，对某些问题的看法或者思路不可能完全一致，存在一些分歧或者争议也是正常的，毕竟好多正确的结论往往是在充分争论后才得出的。然而很多领导者不喜欢下属提出不同意见，排斥他人的不同见解，这是非常错误的想法。如果领导者只喜欢那些想法、做法和自己一致的人，就会在你的周围聚集一批与你的思维相似的人，那时，你就很危险了，当你江郎才尽之时，你周围的人并不能帮助你，因为你们的想法和做法几乎是一个模式。

营造舒心空间，放下压力缓和身心

曾经在网上看到过这样一则报道：某权威组织进行了一次

网上调查，通过对415位经理人（男性45.8%，女性54.2%）进行调研，结果显示41.1%的经理人正面临着较大的工作压力，61%的经理人有着不同程度的心理疲劳。由此说明，我国当代经理人的健康状况令人担忧。

曾经听到一位新上任的经理这样描述自己每天的心情：“清晨，当我在闹钟的响声中跳下床，急急忙忙地漱口擦脸的时候，我想到了埃菲尔铁塔似的文件格和上司那十分严肃而又愁眉不展的脸。吃饭的时候，我的胃口一直不大好，像吞了一条虫似的。”

“电话的铃声简直是搜魂魔音，使我本来烦躁不安的情绪越来越坏，我已经无法再忍受下去了……”

“当我刚从下层升任为主管时，我吸烟吸得更多了，有时回到家里会痛哭一场。我常常告诉丈夫，我太紧张了，我不知道如何去应付。”

“周围的同事都在不断学习，大专要上本科，本科要读研，而我怎能掉队？但是我真的很累！”

在现实生活中，很多企业领导者都感觉很累，不仅工作上累，而且生活上也累；不仅身体上累，而且心理上也累，总之，压力很大。那么，这些压力是什么原因造成的呢？

1.任务压力

对于企业领导者，任务压力是他们面对的最直接压力，这种压力包括两方面：一是工作量上的压力。他们每天因为任务繁重，不得不经常加班加点地超负荷工作；二是工作标准方面的压力。作为领导者，企业一般都会对他们的工作标准作出严格要求，如完不成就不能兑现薪酬，甚至面临着被降级或炒鱿鱼的可能。

2.信息压力

当代社会是一个信息社会，各种新理念、新思维、新知识可谓层出不穷，各种传媒带来的信息也让我们应接不暇。作为信息社会中的人，不得不去主动接受，而作为企业中坚力量的领导者，不注重学习肯定是不行的。无形之中对领导者们造成了很大的压力。

3.角色冲突

作为社会人，我们必须扮演多种角色。比如，一个人在家对孩子来说是父亲，对妻子来说是丈夫；在企业里又是总经理、部门经理等；如果在社交场合，就有可能是“主持人”“特邀嘉宾”等。

那么，在企业里角色冲突是如何形成的呢？举一个例子，对公司来说，内部有不能搞特殊化的规定，如公司要求所有员工必须上班打卡，但公关经理这一角色因忙于应酬，常常深夜才能回家，如果第二天上班打卡肯定是很难做到，但又不能违背公司的规定，所以这位公关经理的心中就产生了角色冲突。因角色冲突造成的压力，对经理造成的伤害是巨大的。

总之，在每一位领导者身上，都或多或少，不同程度地存在着压力，这些压力不仅会影响企业的绩效和领导者自身事业的发展，而且会使他们的生理压力加大。因此，放下压力，给自己创造一个相对宽松、舒心的空间则显得尤为重要。下面给领导者们介绍一些减压措施，希望通过学习可以让你维护自己的身心健康，保持身心的平衡。

1.摒弃一些不切实际的想法

在日常生活中，领导者应该好好思量一下自己内心的一些想法，并评估它们在你的生活和工作中起着怎样的作用，对于一些不符合实际且会引起压力的想法，要尝试去改变它。告诉自己，我只是一个普通人，而非超人，对自己宽容一些，不要自寻烦恼。

2.保持乐观心态，避免消极思维

我们说，任何事情都有它的两面性，塞翁失马焉知非福；福兮祸之所倚，祸兮福之所伏，一件事情对你有利还是有弊关键看你以怎样的心态去面对它。因此，领导者在面对失意、坎坷或者挫折时，要尽量以乐观的心态去面对它。例如，当你刚做完一个演讲时，要告诉自己："这次演讲很不错。我很酷，我可以使他们感兴趣。"而不应该在心里想："我对此感到非常害怕，每个人都比我知道得多，他们不愿听我的演讲。"

3.不要"非此即彼"

在日常工作中，领导者应该避免用极端的语言对事物或人进行评论，如"极好"和"极不好"。在很多时候，这种极端的评论、判断会使人感到不自在，无疑会让人产生压力。

此外，不要为本不该由你负全责的失误而责备自己。当然，一味地责备其他人、对某个问题全然不负责任的态度及行为方式，对自我发展也是没有什么好处的。

4.学会换位思考

换位思考是创造没有压力环境的一种思考模式，某件事情对你来说感觉有压力，但如果站在对方的立场上思考一下，也许问题就会迎刃而解了。

保持自己的激情，才有充沛的精力工作

卡耐基曾经说过：一个人成功的因素有很多种，而激情是这些因素中最重要的，没有它，不论你有多大的能力，都发挥不出来。一个人即使再有才华，如果缺乏激情，你将一事无成，相反，对于一个对工作充满激情的人而言，激情就是工作的催化剂，再枯燥的工作也会变得有趣，再难的工作也会变得简单。

一个对工作充满激情的领导者，无论从事什么工作，不管是在逆境中还是顺境中，他都认为自己的工作是一份神圣的天职，并怀着浓厚的兴趣。无论在工作中遇到什么困难，充满激情的领导者始终会用不急不躁的态度去面对。只要抱着这种态度，任何领导者都会成功，都能达到自己的目标。

松下幸之助常常对处在各个工作岗位上的负责人这样讲：

“在你的部门，有种类繁多的工作。那么多的工作，即使你是部长，也不可能是神仙，不可能什么都会做。甚至有时候就某一项工作来说，你的部下比你更有才能；在别的什么方面，他比你更了不起。所以，你作为负责人、领导者，不是每个方面或在专业技术上都能指导别人的。然而，由于你处在领导的地位上，你还必须领导，必须管理。在这种情况下，什么是最重要的？那就是对你所在部门的经营要比谁都更有热心，不能亚于任何人。知识、才能不及别人是可以的，因为优秀的人才很多，不及人家是常有的事，但是做好几项工作的热情你应该是最高的。这样大家就会行动起来。如果不具备这一点，做部长就不合格了。”

“作为位居他人之上的领导者，我认为其中最重要的一点就是热情。就拿我本身来看，在其他方面比如说学问啦，知识啦，都没有多少，在这一点上不但说不上最高，倒可以说是处在最低的状态，再加上身体不好，在这一点上差不多劣于所有部下。但不管怎样，作为社长和会长，位居大多数人之上，我对事业的热情不亚于任何人，能够让每一个人都发挥出所具有的力量。正因为我有这种热情，社员们也就产生‘他像父亲热心于孩子那样热心于公司，我们又有什么理由不好好干’的情绪。”

“所以，我能长期胜任重要职务。我常常想，经营这家商店、这家公司，自己一定要比任何人都有热情，这点是重要的。”

爱默生说："缺乏激情，难以成大事。"激情是一把火，它可燃烧起成功的希望。一个人，不论你有多高的才能，有多丰富的知识，如果没有激情，那么一切都是纸上谈兵。相反，一个人即使智力稍差，才能平庸，但是只要充满激情，认真努力，就一定能够"勤能补拙"，从而产生很好的业绩。

作为企业的一名领导者，你是否对工作充满激情？当你的员工给团队提出一个好的建议时，你是否感到非常振奋？当一个难题摆到你的眼前时，你内心是否充满了挑战困难的欲望？当每天太阳升起的时候，你是否告诉自己："这又是一个美好的开始"？如果你的答案是肯定的，那么，相信你一定是一个非常优秀的领导者；相反，如果你的答案是否定的，那么，你一定要注意了，因为即使你再有才华、能力再强，如果没有激情，那么一切都有可能成为零。

那么，领导者要想有激情，该如何做呢？

1.要有强烈的责任感

托尔斯泰认为："一个人若没有激情，他将一事无成，而激情的基础正是责任心。"责任和激情是工作的基本态度，是完善个性的重要内容。责任是一个人能够立足于社会、获得事业成功与家庭幸福的至关重要的人格品质，而激情是经久不衰地推动你朝目标勇往直前、直至你成为生活主宰的原动力。

无数经验告诉我们：成功和能力的关系小，和热情的关系大。你不要奢望一个不负责，当一天和尚撞一天钟的人会有什么激情。而一个对自己事业充满激情的领导者，一定非常热爱自己的事业。

2.要有责无旁贷的使命感

松下幸之助说过：“站在领导立场的人，首先就要确立自己的责任，实现自己的责任，尤其要将使命感牢记于心，不仅自己如此，更要传给别人，以激发员工的工作热情。”领导者作为团队的决策者，决定着团队的生死命运，关乎员工的生存和发展，所以一定要对团队和员工抱有一份责无旁贷的使命感，这样才能不断激发自己的工作热情，从而带动员工的工作热情。

3.要有热情的行动

当你的下属对工作缺乏积极主动的态度，或者正面对工作中的难题无从下手时，作为领导者，应该展示出对工作积极向上的态度，帮助他们，想方设法解决这些难题，引导他们发现工作的乐趣和价值所在。在这个过程中，你会慢慢地领悟到：我做的每一件工作都是非常有价值的，我应该对我的工作投入更多的思考和热情。

领导者要管理好自己的情绪

情绪是指人们对客观事物的一种态度，往往是因为某种需要未被满足所引起的。现实中，领导者带有情绪往往是因为某方面的不顺或者受到某种刺激后产生一种身心激动状态。一个成熟的领导者应有良好的情绪管理能力和极强的影响力，能在保持低调的同时控制个人情绪，并游刃有余地影响自己的下属、同事和周围的人。

很早就看过一个故事：

一个小男孩很容易发脾气，所以他父亲建议他做一件事情。每次发脾气的时候，就在家里花园的一块木板上钉一颗钉子，在情绪稳定了后再拔出来。这样过了一个月，小男孩发现自己发脾气的次数越来越少了，非常开心。然而他父亲的一番话却让他非常后悔。“你钉下的钉子虽然是因为你情绪稳定了就拔出来，但是因为你发脾气时所钉钉子产生的洞是无法弥补的。”

作为企业的领导者，在工作中，不可能事事都一帆风顺，总会有这样或那样的问题困扰着我们，让我们感到气愤或者棘手。但是面对问题，你是选择发泄还是自我控制？发泄也许会让你解一时之气，但是发泄完之后呢？因为你的情绪失控而产生的那些“洞”还能弥补吗？

对于领导者来说，不善于控制自己的情绪会给工作带来很多的危害。首先，会影响同事们的关系，作为领导者，不能形成一个团结的整体，由于领导者的情绪不好就很难展开与同级之间的合作和默契，难免出现裂痕。而对于下属来说，可能由于上级情绪不好，就采取不汇报工作，或由于无故挨骂而对上级产生不信任。其次，容易导致工作的延误和失误。由于领导者情绪激动，很难集中精力研究工作对策，工作中也很难作出正确判断，最终导致工作没有进展。可见，领导者要善于把握自己的情绪，要注意自身情绪的控制，不能因情绪而影响工作。

张旭在一家贸易出口公司当总经理，尽管有时候会跟下属发发脾气，但是他并不是一个脾气暴躁的管理者。尽管如此，三个月前的一次乱发脾气，让他至今深为懊悔，暗暗引以为戒。

那天早上，张旭在家中因为一些琐事和妻子吵了一架，心情特别不好。出门后看什么都不顺眼，就这样，张旭带着满腔怒气来到了办公室。

刚走进办公室，张旭看见销售部的经理王亮正和下属聚在一起有说有笑，张旭的脾气因此一触即发。

“王亮，公司请你来是做事的，而不是让你给大家讲笑话的！”平时称呼对方为“王经理”，而此时却直呼其名，而且语气十分严厉。

“老大，我是在给大家安排今天的工作呢。”王亮为自己辩解道，并和其他下属都莫名其妙地看着张旭。

“老大，什么老大，你以为这里是黑社会吗？”张旭不仅没有因此而收敛自己的情绪，反而越吼越凶。

此时，王亮也压不住火了， 认为自己为公司拼命地工作，还要受这种窝囊气，于是两个人争吵了起来，越吵越凶。

最后的结果是，王亮一气之下辞了职，投奔到了竞争对手的门下，同时还带走了公司的几个大客户，处处与公司作对。

由此可见，一个领导者情绪的好坏可以影响到员工的情绪乃至整个公司的气氛，如果领导者经常无法控制自己的情绪，还有可能影响到整个公司的工作效率。从这个意义上讲，领导者的情绪好坏已经不是自己的事情了。它会影响到你的下属及周围所有的人。因此，作为领导者，一定要学会控制自己的情绪。

那么，在具体的管理工作中，领导者该如何控制自己的情绪呢？

1.离开现场法

当你在某个时刻情绪很坏时，要学会暂时离开现场，以此来克制自己的情绪。例如，你正参加某个会议，有人在会议上攻击你，或者说你的坏话，你非常愤怒，这个时候不管你是站起来反击对方还是保持沉默，都只会让你的情绪更糟糕，因此，最好的办法就是暂时离开现场，出去透透气或者去做其他事情，跟这个让你情绪不佳的环境暂时隔绝。

2.告诉自己“不要让自己损失太多”

举个例子，很多领导者发现下属在日常工作中没有严格按照他们的要求工作，对公司造成损失，造成客户的不满意。如果领导者选择第一时间发脾气、批评，这只会使结果更加恶化。因为出现问题时，第一时间需要解决问题，更多时候需要当事人去解决，假设客户已经不满意，领导者没有告诉下属这件事情的解决方法，而是对下属进行了批评，甚至发火。下属的心情一定很不爽，而他们是直接与客户接触的人员，他们的心情不好，负面情绪一定会宣泄到客户身上，误以为是客户的挑剔而使自己被骂。而企业的利润是由客户提供的，客户被负面情绪刺激之后，很难与企业进行很好的合作。

所以，遇到类似问题，发火之前告诉自己“不要让自己损失更多”。

3.幽默法

在现实生活中，很多人都善于运用幽默的语言来处理各种问题，化解矛盾，消除敌对情绪。运用幽默法可以使自己在尴尬的场合，免受紧张、不安、恐惧等不良情绪的困扰。

例如，在公交车上，因为人多拥挤，一个男子不小心碰了身边的女子一下，女子张口便骂：“臭流氓。”当遇到这种情况时，很多人都可能会和女子对骂，一场“口水战”在所难免。然而这个男子并没有动怒，他笑了笑说：“这位女士，请您不要骂了，您很忙，我也很忙，我之所以挤车是因为着急上班，如果迟到了老板就要扣我钱了，就算我想要流氓，现在也不是时间啊！”

幽默的语言不仅避免了双方可能发生的争执，而且营造出了一种融洽的气氛，可见，幽默法无疑是一种很好的管理情绪的方法。

心态乐观的领导者充满感染力

在日常工作中，你是否有过这样的感受：当早上开开心心地走进公司时，发现公司里很多人的情绪都不怎么好。很多人眼里都充满沮丧，做事也是没精打采的。你感到很纳闷，一打听，才知道是因为同事小李告诉大家公司的股票下跌了，损失惨重。这样的坏情绪一瞬间让整个团队成员都变得消极，没有创造力，而你也被这种坏情绪所感染，不想工作。

相反，当你早上懒洋洋地走进公司，想趴到桌子上休息会儿时，却发现自己根本不能这样做。因为周围所有的人都充满朝气地在工作，他们比你来公司还早，而且已经进入了一种拼命向前冲的工作状态。甚至有人催你："小张，赶紧把昨天那份报告给我送过来。"相信面对这种情况时，你会立刻清醒过来，并且很快融入到团队的积极气氛之中。

其实，这是一种一呼百应的现象，这种现象在我们的生活中非常普遍，心理学家把它称之为"波纹效应"。就像把一块石子扔到水里一样，平静的水面会溅起波纹，一圈圈地不断扩散。波纹效应，不仅有好的影响，也有坏的影响。比如，当你看了某部电影，感到满意的时候，你就会对周围的人说："这是一部很好的电影。"从而引起大家的讨论，大家越讨论越觉得这个电影真不错；而如果你对电影不满意的时候，你的抱怨也会传染给其他人，大家就会因为你的一个表情或一句话而受到影响。

在一次和敌军作战时，拿破仑遭遇对方顽强的抵抗，队伍伤亡惨重，形势紧迫。而偏偏在这个时候，拿破仑一不小心掉入泥潭中，弄得浑身都是泥巴，非常狼狈。他手下的几个士兵看到他的样子都忍不住哈哈大笑了起来。而拿破仑却无心于此事。他心里只有一个信念，那就是无论如何也要打赢这场战斗。他冲着队伍大吼一声："冲啊！"看到拿破仑乐观自信的样子，他手下的几个士兵停止了笑声，他们被这种乐观的精神所鼓舞，和所有士兵一起群情激昂、奋勇当先，终于取得了战斗的最后胜利。

可见，作为一个领导者，你的心态是否乐观积极非常重要。因为你是一个团队的带头人，你的一举一动会比别人更容易影响整个团队，更容易感染无数个与你接触的人，作为带头人的你，如果积极乐观，那么你的团队在你的感染下就会积极努力地工作，从而使企业快速发展；而如果你总是唉声叹气，那么，你团队里的人就会被你的坏情绪影响，无心做事。

美国第32任总统罗斯福是一个非常乐观的人。他年幼时患了小儿麻痹，但是他却没有因此而悲观，而是始终保持积极乐观的心态。罗斯福在就任总统前，有一次，家里丢了东西，罗斯福不但没有生气，反而诙谐地说有"三好"。众人不解，罗斯福解释说："第一好，我家仅仅丢了东西，但是没有人受伤；第二好就是虽然丢了东西，但是小偷仅仅偷了部分东西，没有偷全部东西；这第三好也就是最好的一点，是他当了小偷，而不是我，这是多么幸运的事情啊！”

罗斯福在自己的一生中遇到任何事情都积极面对。他当纽约州议员的时候，有一天在加勒比海度假，因为游泳，罗斯福得了骨髓灰质炎，医生很遗憾地对他说：“你将不能再行走了。”罗斯福笑着说：“我还要走，我要走进白宫。”在他第一次竞选总统的时候，罗斯福对自己的助手说：“你们去布置一个大讲台，我要让所有选民看见我这个肢体麻痹的人，可以自己走到前面演讲，而不需要任何拐杖。”竞选那一天，罗斯福穿着笔挺的西装走向讲台，那一刻，他的步履是如此的坚定，所有在场的人都感受到了他的坚强意志和十足信心，最终他成功地登上了总统的宝座。

一个人在事业上能否获得成功，很大程度上取决于是否始终抱有乐观的态度。乐观的态度能够激发人们的潜能，让人们积极地面对困难和挫折，从而完成各项任务。西门子公司有句格言：请愉快地工作吧，哪怕是假装的！石油大王洛克菲勒在给儿子的一封信中告诫儿子：“如果你视工作为一种乐趣，人生就是天堂；如果你视工作为一种义务，人生就是地狱！”

作为一名领导者，乐观的心态对于你的职业生涯犹如强心剂一样。凭借乐观，你可以唤醒潜在的巨大能量，激励你去做你内心渴望的事情，它能让你为了实现既定目标而不懈地努力；凭借乐观，你可以把程序化的工作变得生动有趣，使工作不仅仅是一种谋生的手段；凭借乐观，你可以感染周围的同事，使他们变得比以前更加理解你、支持你，拥有良好的人际关系。

因此，领导者应该时刻保持乐观的心态，当你走进公司的时候，别忘记跟下属说“早上好！”让人觉得你充满朝气，性格开朗；对于初来乍到的下属不妨主动握个手，让人感觉到你的真诚；天气糟糕的时候，不妨去看看那些曾经被阳光照耀依然盛开的鲜花；下属或同事心情不好的时候，不妨坐下来倾听他们的抱怨；合作伙伴没有配合你的工作时，不妨坐下来和他们好好聊聊。总之，乐观积极的心态会帮你清除这些阻碍成功的绊脚石。

敢于担当，不怕艰难甚至重创

俗话说，性格决定命运。如果一个企业领导者的性格优柔寡断、懦弱、不敢担当，那么他很难成就大事；而如果领导者在遇到问题和困难时，敢于担当，那么他一定是一个优秀的领导者，会带领团队走向成功。可以说，敢于担当或自动承担责任，是领导者成功的必备素质。

敢于担当，不怕艰难甚至重创是领导者最可贵的品质之一。对于下属而言，他们最喜欢那些具有责任心的领导者，因为这些领导者在遇到问题或者困难的时候，不会把责任推给下属，而是勇敢地与下属一起承担，与下属共进退，一起想办法解决问题，最终把事情解决好，将风险降到最低。而对于那些没有责任心的领导者，员工是非常反感的，这样的领导者在出现问题的时候，首先想到的不是怎么解决问题，而是如何逃避责任，他们的习惯做法就是把责任全部推给自己的下属。殊不知，这种做法表面上好像让自己暂时得到了心理安慰，但实际上，这种行为无论是对自己还是对公司都是没有任何好处的。因为自己的“逃避责任”，不仅给企业造成了巨大损失，而且会让下属因为你的推卸责任而对你失去信任。

因此，作为企业的领导者，你一定要明白自己的责任，明白自己是最大的责任者，在困难面前，勇于担当；在危机面前，勇于挑战；在错误面前，勇于承认。只有这样，你才是一个勇于担当的领导者，才是一个负责任的人，才是一个受员工爱戴的人。只有这样，你所带领的团队才是一个负责任的团队，你所在的企业才具备做大、做强的基础。

第2章

真心打动，温情的心理策略凝聚员工的心

一个卖弄权势的领导者其实就是在出卖自己的无知，一个卖弄富有的领导者其实就是在出卖自己的人格，一个喜欢摆架子，没有亲和力的领导是很难把上下级关系处理好的。因此，在企业管理中，领导者应该用温情的心理策略来凝聚员工的心，增强与下属之间的情感沟通和思想联络，让下属感觉到自身存在的价值，从而拉近彼此之间的距离。

委派重任，绝对相信你所重用的员工

宋代欧阳修曾说：“夫用人之术，任之必专，信之必笃，然后能尽其才而可共成事。”意在强调领导者在用人时要相信对方。《金史·陈起传》言道：“疑则勿任，任则勿疑。”意思是说：有怀疑就不要任用，既然任用了就不要去怀疑。作为领导者，给人以信任，是你网罗人心，推进上下级关系的一大法宝。这也是领导者用人的一条重要准则。

齐桓公一日问相国管仲：“我这人既好打猎又好女色，这会不会影响我称霸的事业呢？”管仲回答：“不影响。”齐桓公又问：“那你认为什么能影响称霸的事业呢？”管仲说：“不知贤，影响称霸；知贤而不用，影响称霸；用而不给职权，影响称霸；给了职权却又不完全信任，影响称霸。”齐桓公说：“对极了。”于是专任管仲，尊其号为“仲父”，宣布“国有大政，先告仲父，次及寡人。有所施行，一凭仲父裁决”。可见，齐桓公在用人上真正做到了用人不疑，疑人不用，绝对相信自己所重用的下属。事实证明，管仲也没有辜负齐桓公，他对齐桓公忠心耿耿，尽心尽力，充分发挥自己的才干，为齐国称霸天下做出了非常大的贡献。

而明代亡国之君朱由检为人猜忌多疑，即使对自己重用的人也总是不放心，最典型的事例就是朱由检听信谗言，怀疑著名将领袁崇焕谋反，于是将其杀死，结果导致军心动荡，朝中无将，最终因为无人能够抵挡清兵进犯，明朝很快就灭亡了。

由此可见，用人不信的危害有多大。如果一个领导者以怀疑的眼光对待自己的下属，一件很平常的事情都可能疑虑丛生，那么，他看人就会像戴着有色眼镜一样，总感觉对方怪模怪样。而如果领导者以信任的眼光看待对方，那么，就会发现对方身上尽是优点，怎么看都舒服，员工的潜能就会被充分挖掘出来，员工对领导者和组织就会更加忠诚。

杨元庆从柳传志手中接过联想帅印的时候，社会各界都提出了质疑，怀疑杨元庆没有这能力挑起这个担子。很多人也因此去找柳传志，说他不应该全部放手。但是柳传志却回答："我一定会力挺杨元庆，遇到一些问题，即使我亲自管理，也未必能比杨元庆做得好，为什么我们要对他这么苛刻呢？"总之，无论别人怎样怀疑杨元庆的能力，柳传志都始终恪守董事局主席的职责，坚决不干预杨元庆负责的事情。

果然，杨元庆不负柳传志的信任，在他的管理下，联想集团越来越壮大。

领导者用人是一门学问，而最简单有效的方法就是给予充分信任。然而在现实中，很多领导者明明知道授权的重要性，也总是大谈特谈授权的好处，私底下却又抱怨自己的手下没有一个可以委以重任。要知道才干是需要在实践中成长的，如果领导者总是不敢把艰难的任务交给下属，或者即使交予下属，也总是放心不下，在一边指指点点，那么，下属就永远无法显示自己的才干，得不到提升的机会。正如父母总是不敢放孩子下地，孩子就永远学不会走路一样。

授权的关键在于信任，如果不是下属犯了严重错误需要及时纠正，领导者就不要过多干预下属的工作，只有这样，下属才能和领导一起成长，和公司一起发展。

当然，这里所说的信任不是说对任何人的能力、人品都不用疑虑，而是说，既然把工作交给下属，就应该完全信任他，让他充分发挥自己的才干，而不应再对他的能力表示怀疑，更不能对其指手画脚。

一般而言，领导者在委派重任的时候，要想做到用人不疑，需要注意以下几个方面：

1.了解下属的真正能力

在授权之前，一定要确定下属有没有能力完成你授权的任务，然后再考虑授权给他，否则，随意把一项重要的工作交给下属，很可能后患无穷。

2.给予充分信任

既然已经决定把任务交给下属，就应该给予他充分的信任，支持被授权者的决策和结果，允许他有自由裁量权，方为上策。

3.“信任”与“监控”要协调好

给予对方充分信任，并不是说你可以彻底撒手不管，而是需要在旁边起到一定的监控作用，当对方出现的都是一些小问题时，让他自己去解决、去纠正，而如果被授权者出现重大决策问题时，作为领导者一定要及时给予纠正。总之，领导者对下属合理利用“信任”和“监控”这两把尺子，需要建立科学的监控方法，并不断完善监控机制。

4.保护下属，该出手时就出手

当下属受到外界攻击时，作为领导者，应该以保护者的身份出现。即使下属犯了错误，也不要轻易抛弃他，必要的时候还应该代下属承担责任。但是，如果你的下属故意掩盖自己的错误，或者坚决不承担责任，把责任推给别人，那么，作为领导的你就不能对他轻饶了。

南风法则：和风细雨，贴近下属的心

南风法则源于法国作家拉·封丹写过的一则寓言：在风的家族中，北风和南风一直较劲儿，它们都觉得自己比对方厉害得多。有一天，北风和南风比威力，看谁能把行人身上的大衣脱掉。北风先刮来一股凛冽的寒风，想通过更大的风把人的衣服吹掉，结果行人为了抵御北风的侵袭，把大衣裹得比以前更紧了。稍后，南风徐徐吹动，顿时风和日丽，行人似乎感觉到了春意，开始解开纽扣，继而脱掉大衣，最终南风获得了胜利。

在职场中，领导在处理上下级关系时，要注意讲究方法。北风和南风都想使行人脱掉大衣，但方法不一样，结果也大相径庭。南风法则告诉我们：温暖胜于严寒。南风法则要求领导者要多关心自己的下属，多贴近下属的心，多注意解决下属日常生活中的实际困难，使下属真正感受到领导者对自己的关心。这样，下属才会怀着感激之情更加努力地工作，维护企业的利益。

正泰集团始创于1984年，主要生产高低压电器、输变电设备、仪器仪表、建筑电器、通信设备和汽车电器等产品，是中国民营企业的代表企业之一，全国最大的低压电器生产商之一。如今，正泰集团管辖8大专业公司、2000多家国内销售中心和特约经销处，并在国外设有40多家销售机构。已连续5年名列全国民营企业500强前10位。

正泰集团董事长南存辉始终认为企业应该讲究以人为本，让全体员工参保是企业凝聚人心的重要措施，是企业应尽的社会责任，关乎国运，惠及子孙，恩泽本人，有利于企业的长远发展。于是在2001年年末，南存辉在民营企业里，率先搞起了员工社会养老保险，并誉这项工作为正泰集团的“人心工程”。因为，在南存辉眼里，为员工做好社会保险工作，是一项吸引人、凝聚人、激励人和留住人的重要手段。

2002年年底，正泰集团的所有员工中参保人数已达6000多人，为此，正泰集团支出了上千万元的资金。但是南存辉对员工的关心得到了应有的回报，社保的推行，不仅体现了企业对员工的关爱，稳定了员工的人心，激发了员工的热情，更重要的是，还推动了企业的发展。2002年，正泰经济效益同比增长39%，取得了可喜的成绩。

正泰集团人人皆知南存辉是非常注重保障员工的利益的。在企业里，如果员工的利益受到了侵犯，南存辉会毫不犹豫地站在员工这边；如果员工遇到了困难，他会毫不犹豫地帮助员工顺利渡过难关。

在对待员工方面，南存辉采用的是“南风法则”的管理方法，他懂得贴近下属的心，懂得保护员工的利益，正因为此，员工也给予了他应有的回报：在公司里，所有员工都兢兢业业，为公司做出了很大的贡献。因此，作为企业的一名领导者，一位管理者，要学会和风细雨，贴近下属的心，只有这样才能真正俘获员工的心，员工才会为企业的发展死心塌地地工作。

那么，作为一名领导者，应该如何做到和风细雨，贴近下属的心呢?

1.尊重下属

在这个世界上，没有哪个员工不希望得到领导者的赏识。一个领导者只有尊重自己的每一位下属，尊重他们所创造的价值和贡献，才能充分发挥他们的积极性。尊重下属，具体来说，就是要求领导者在安排工作、设计制度、布置环境或者和下属交谈时，要坚持以人为本，不仅要尊重下属的人格，维护下属的面子，而且要尊重他们的合法权利，尊重他们的劳动成果。

2.关心下属

关心下属，就是要求领导者关心下属的工作和生活，关心下属的现状以及发展，关心下属本人以及他的家人。例如，当下属过生日、结婚或者生小孩、乔迁新居，领导者应该通过某种方式向对方表示祝贺；当下属出差时，领导者要多替他的家人考虑考虑，帮助他安排好家属子女的生活，必要的时候甚至可以派专人负责；当下属家庭出现困难时，领导者应及时给予救济，雪中送炭，或者发动大家给予帮助，为下属解除后顾之忧。

3.信任下属

如果在一个团队里，成员之间互不信任，心存芥蒂，那么，团队的动量就会磨损，就会耗费更多的成本。因此，一个优秀的领导者首先要做到的是信任下属，不要给他们过多的约束，让他们在企业里自由发挥，鼓励他们按照自己认为正确的方式去做。正如美国通用电气CEO韦尔奇所说："'管理得少'就是'管理得好'。"

拒绝的话要说得巧妙，让员工心悦诚服

身为领导者，无论在生活中还是工作中，经常会遇到一些人的请求，如果是在正常的工作范围内，满足对方的请求是应该的；如果实在爱莫能助，或者对方的请求违背了原则，就要

学会巧妙地拒绝对方。

“不”虽然是一个简单的字眼，但是要把它说出口，有时会很困难，这与中国人好面子的心理有关，无论是拒绝别人，还是被别人拒绝，“不”字都是大家不喜欢的字眼。但是作为领导者，很多时候，又不得不把“不”字说出口，那么，怎样拒绝既不得罪对方，又能让对方心悦诚服呢？这就需要领导者练就高明的拒绝技术。

在一个非常忙碌的下午，某公司职员小丽突然向经理请假，说有急事要回家两个小时。经理问她什么事，小丽说：“因为家具店将送一批家具到家里，所以我必须回去验收。”听到小丽的回答，相信有些领导者可能会直接拒绝说：“不行，你看不到现在大家都很忙吗？”还有一部分领导者可能怕激怒员工，所以充当老好人勉强接受对方的要求。但是小丽的经理却非常冷静。他对小丽说：“我明白，像家具这样贵重的物品送货上门而无人在家时，是一件令人担心的事情。因此，如果可能，我很愿意准假让你回家。但是现在的问题是，我必须在明天之前交货。作为管理者，如果无法按约交货，很可能因此而失去一位大主顾。你是我的得力助手，应该明白这一点。不过，我有个建议你可以参考一下。你何不打电话给家具店，请他们明天下午再送出家具。到那时我已交了货，会给你足够的时间回家处理私事。”

在这种情况下， 如果经理直接拒绝员工小丽，则很有可能引起领导与下属之间的摩擦，从而降低下属的工作士气，但如果勉强同意对方的要求则会妨碍工作的进度。这位经理非常聪明，他知道在这种情况下必须拒绝，而且他采用的拒绝方法非常合理。也许这样的答复仍然得不到下属的完全满意，但却是一种最好的处理方式。

可见，恰到好处地拒绝既有利于自己，也有利于别人。在管理中，作为领导者，你不可能什么事情，什么情况下都能满足对方的要求。该拒绝对方的时候，就应该拒绝。当然，对对方说“不”，就意味着没有给对方面子，很容易引起对方的反感，从而影响领导者的人际关系。因此，一些睿智的领导者在拒绝别人的时候，会运用一些技巧，从而达到既拒绝他人，又保全对方面子的目的。

以下就是几种常见的拒绝别人的技巧。

1.通过诱导对方来表示拒绝

当下属向你提出不合理要求时，不要直接地拒绝他，而要让对方明白他的要求有多么不合理，从而自愿放弃它。

例如，某公司经理对员工的不切实际的要求从来都不会直接拒绝，而是竭力引导他们，让他们明白自己的要求有多么不合理。一天，公司一名员工因为工作失误给公司造成重大损失，当公司按照制度准备开除他时，这位员工以自己曾经为公司创造过很多利益为由，希望能够继续留在公司。这时，这位经理对他说：“如果你是公司负责人，当你的下属对公司造成了重大损失，你不开除他，反而把他继续留在公司，会给公司其他人造成什么影响呢？”员工不假思索地回答：“如果这样的话，其他人以后犯了错就不好管理了，因为公司的制度对他们来说就成了一纸空文。”领导回答：“对啊，我也是这么想的，所以公司必须按照工作制度办事。”听了经理的话，那位员工没有再争辩，而是主动去人事部办了离职手续。

2.列举“是”的坏处

这种拒绝的方法，就是让你先不要否定地说出结论，而是完全不要说出“不”，只给对方列举出“是”的种种负面影响。如此一来，对方还没有听到你的结论，就已经接受你说的“不”的道理了。

例如，《韩非子》里有这样一个故事：韩宣王手下有一位叫缪留的谏臣，一次，韩宣王想重用两个人，便询问缪留的意见。缪留说：“魏国曾经重用过这两个人，结果丧失了一部分国土；楚国也用过这两个人，也发生了类似的情形，所以现在重用这两个人，可能会把国家葬送。”后来，缪留还下了“不用这两个人比较好”的结论，其实对方即使不是宣王，在听了这样的结论后，也不会重用这两个人的。

3.通过委婉含蓄的语言拒绝对方

很多人都有过这样的经验，当自己对某人有所求时，对方却用友善、委婉的语气拒绝自己，我们总能够表现出大度、理解之心，不再怪对方没有尽力帮忙，领导者在拒绝别人的请求时，也可以用这种方法。

例如，罗斯福任总统前，曾在海军担任要职。有一次，他的一位好朋友向他打听海军在一个小岛上建立潜艇基地的计划。罗斯福神秘地向四周看了看，压低声音问道："你能保密吗？""当然能！"朋友十分肯定。"那么，"罗斯福微笑着说，"我也能。"

这种委婉含蓄的拒绝，轻松幽默的情趣，既坚持了自己不能泄密的原则，又没有使朋友陷入尴尬之地，取得了很好的效果。

注意小细节，给予下属最及时的问候

在现代企业中，有很多领导者非常认同这样一个观点：成大事者不拘小节。他们认为自己是领导，没有必要太在乎小事，更没有必要把下属的小事放在心上。殊不知，领导者能不能打动下属，不仅仅体现在对下属基本需求的满足上，还更多地体现在日常生活的点点滴滴上。

作为一个领导者，如果懂得以热情的姿态，发自内心地关心发生在下属身上的小事，给他们最及时的问候，会让他们备受感动，给下属留下平易近人的好印象，更容易获得下属的认同和拥戴。这样一来，下属在这样的领导手下工作，会更加努力积极。因此，领导者在日常工作中，有必要从小处着手，通过一些小事，来表达自己对下属的关心和爱护之情，以达到增进与下属的感情，拉近与下属之间的距离的目的。

美国第32任总统富兰克林·德拉诺·罗斯福，一直被视为美国历史上最伟大的总统之一，他是20世纪最受美国民众期望和爱戴的总统，也是美国历史上唯一连任4届总统的人，任职长达12年。为什么罗斯福如此受人敬仰呢？一个很重要的原因就在于他能够真诚地关心每一个人，哪怕是一些身份卑微的侍从，哪怕是一些琐碎的事情。

安德烈是罗斯福的一名贴身男仆，他和妻子住在一栋小房子里，离罗斯福总统的住房很近。由于安德烈的妻子一向深居简出，所以很少有机会看到野生动物。有一次，在跟罗斯福交谈的过程中，她问野鸭是什么样子的？于是，罗斯福总统耐心地给她描述野鸭的习性和模样。

第二天清晨，罗斯福打电话给安德烈的妻子，说他们家的草坪上有一只野鸭子。当安德烈的妻子放下电话，推开窗户时，看到的却是罗斯福从对面房屋窗户露出的微笑面容。

因为这件小事，安德烈夫妇对罗斯福感激不尽，从此对罗斯福更是敬佩有加，悉心照料罗斯福的生活起居。

还有一次，罗斯福去白宫，可是他并没有直接去客厅和接待室，而是径直走向了厨房。他非常和蔼地和每个人打招呼，就像多年不见的老朋友一样：“你好，杰弗森，你看起来精神棒极了！”“可爱的休斯，胃口还好吗？还是和以前一样爱喝酒吗？有时间了咱们两个喝上一杯。”

罗斯福的一言一行感动着所有的人，在白宫工作了将近30年的老厨师史密斯热泪盈眶地说："罗斯福总统总是那样热情地关心他人，在小事上关心别人的感情，怎能得不到大家的爱戴呢？"

作为一个国家的最高领导，罗斯福总统能够发自内心地对身边的人从小事上进行关心，这就使得他在众人心目中不是一个高高在上的总统，而是一个具有巨大亲和力的人。他的下属们因为他的关心而备受感动，并更加认真地对待工作。

一个优秀的领导者一定是一个在细节上会关心下属的领导。下属病了，优秀的领导者会在他回来上班时，第一时间给予问候；下属的家庭出现了困难，优秀的领导者会及时给予问候，并在力所能及的范围内给予对方帮助；下属心情不好，优秀的领导者会帮助下属调整心态。这样做虽然轻而易举，但会让下属觉得你是一个好领导。因此，领导者要懂得从小事上关心下属，把下属的喜怒哀乐、生活烦恼、情绪困扰都放在心上，适时地表示关切和慰问，这样会让下属感激不已，更会通过积极的工作来表达对你的感激之情。

然而，在现实中，有一些领导者尽管也渴望调动下属的工作积极性，渴望下属服从自己的安排和管理，希望与下属保持融洽的关系，但是他们却苦苦找不到实现这些愿望的办法。其实，办法很简单，那就是从小事上关心下属，真诚地关心下属。

领导者可以从以下几个方面对下属表示关心：

1.生病时不忘探望

当下属生病的时候，作为领导者，如果你有时间的话，不要忘记亲自探望一下，如果你没有时间，可以派秘书代表公司去看望生病的下属。

要知道，领导者如果能够亲自探望下属，会让下属感激不尽，并感恩于你，会精神振奋，在痊愈后会更加努力地工作。

2.不要忘记下属的生日

作为领导，最好能够记住下属的生日，如果自己记不住，可吩咐秘书将下属的生日做一下记录，在他们过生日的时候，不要忘记送上礼物和祝福。

哪怕是送上一个蛋糕，或是一束鲜花，一张贺卡，都能温暖下属的心，让他们感受到你是一个有人情味的领导。

3.关心下属的家属

领导者除了要对下属表示关心外，还应该对下属的家属表达真诚的关心和问候。因为家庭是下属工作的精神动力和力量源泉。

因此，作为领导者，可以适当地了解一下下属的家庭，以便能及时表达关心。

当然，对下属表示关心的地方有很多，不仅是上面总结的三种，领导者在实际运用中可以自己细心观察，以便对下属更好地关心。

麦克莱兰定律：让下属参与到管理之中

在企业管理中，很多领导者往往认为管理与决策应该是管理者的分内工作，没有必要同下属商量，一旦自己拿出了相应的方案，下属尽管去执行就可以了。其实，这是一个管理的误区。了解麦克莱兰定律的人都知道，真正影响个人绩效的通常不是人们认为的智商、技能或者经验，而是诸如“成就动机”“人际理解”“团队影响力”等一些可被称为资质的东西。也就是说，成就需要理论：成就的需要是权利的需要、归属的需要等需要中的一个重要的需要。

在职场中，对于员工而言，能否找到归属感是影响他们职业走向的一个重要因素。那么员工的归属感来自于哪里呢？显然，如果公司能够给他们提供良好的发展机会，在他们完成任务后给予一定的认可，他们就会产生归属感。因此，作为领导者，应该时刻注意满足下属的归属感，让他们在企业里体会到自己的主人翁地位及价值所在。

美国雷神公司创业以来，已成为全球在发展国防技术以及将这些国防技术运用到商业市场的领先者。尤其在核潜艇配套设备生产上更是享有盛誉。

在一次订货合作过程中，公司技术部在对产品做作运前的最后一次预检时发现有一件设备的主机动力线被剪断了，要知道这种设备可是准备装在核反应堆附近的，稍出差错将会带来无可挽回的惨重后果。于是，技术部立即封存了这批订货，并将情况详细地向总裁作了报告。按说，这种事故常规的处理办法是将设备转移到安全地区予以全部拆毁。但如果这样做，不仅失去了抓获嫌疑犯的线索，而且会使公司的信誉毁于一旦，雷神公司也将因此永无出头之日。

了解情况后，雷神公司总裁当即决定召集全公司员工，把问题公之于众，向大家征求意见，谋求最完善的解决办法。在会上，总裁对所有员工说："伙计们，如果我们不能顺利渡过这场劫难，那么你们还有我，都会流落街头，到贫民窟去寻找我们的立足点。这个棘手的问题关系到公司上下万名员工的共同利益，我没有权利独自作出决定，所以召集你们来，就是希望可以找到一个两全其美的办法，既保住公司的信誉，又保住你我的饭碗。"

由于这位领导在危机处理上，把处理问题的权利充分下放，让每一位员工都有机会畅所欲言，最终使危机得到顺利化解。据事后统计，在会上，员工提出的并得以实施的合理化建议居然多达一万多项，它的适用性和价值甚至超过了董事会对此作出的预期，这些建议最终也很好地化解了公司的危机。雷神公司危机的顺利化解，可以说是企业让员工参与规划与决策的结果，也是集体智慧的结晶和团体协作的结果。

必要的时候，为自己的员工贴上一个权力的标签，可以极大地提升他们的工作热情与主人翁意识，使他们有一种归属感，而且它所产生的效果许多时候是其他激励方式所不及的。然而，在国内外很多企业中，让下属参与管理已成为了一种形式，即使下属提出了合理化的建议，也往往得不到真正的贯彻与执行。所以领导者要想发挥每一个下属的特长与优势，实现民主式的管理，就要像雷神公司一样让员工大胆地献计献策，并将其中合理的建议予以采纳。这样，不仅能减少部门经营管理方面的失误，还能增强下属的主人翁意识，调动下属的工作积极性，可以说是一举两得。

那么，怎样才能让下属参与到管理工作中去呢？

1.给下属一个施展能力的舞台

领导者要坚信自己的下属是非常优秀的，相信他们个个才华横溢，只是没有表现出来罢了。作为领导者，应该为他们提供一个施展能力的舞台，让他们积极参与到管理工作中。当然，舞台建立的方式是多种多样的，可以是部门会议，可以是内部讨论，也可以是领导和下属一对一的沟通，总之，只要可以提升员工的工作效率，就应该大胆采纳。

2.要增强下属的信心

领导者如果能在工作中经常给下属以鼓励，他们就能更好地认识自我，充分发挥出自己的积极性与主动性，为整个部门的工作献言献策。

3.如果员工的建议合理，就应该积极给予实施

试想一下，如果你的员工对于公司的管理工作一而再，再

而三地提出了合理的建议，而你只是做做样子，点头同意，并没有予以实施，那么，势必会大大挫伤下属的积极性。因此，如果下属提出了合理性的建议，只要是对公司有利的，领导者应该大胆予以实施。

海潮效应：全方位打动并吸引你的员工

我们知道，海潮的产生是因为海水受到天体的引力，引力大，海潮就大，引力小，海潮就小，引力太弱就无法产生海潮。其实，人才和社会时代的关系也是如此。社会需要人才，呼唤人才，那么，人才就会应运而生。海潮效应告诉我们：作为企业的领导者，要想对人才产生一定的吸引力，就应该及时调节对人才的待遇，对人才做出合理配置。对此，很多企业都提出了“以待遇吸引人，以感情凝聚人，以事业激励人”的全方位打动和吸引下属的管理理念。

公元前314年，齐国趁着燕国发生内乱，出兵侵占了燕国的部分领土。燕昭王当上国君之后，消除了内乱，他决心招贤纳士，把燕国丢失的土地夺回来。虽然想法不错，但是如何才能招到贤士呢？正在发愁之际，一个叫郭隗的在给他出点子之前讲了一个故事：很久以前，有一个国王，他愿意用千金买一匹千里马，可是过了三年，也没有如愿。这时，国王手下一个不出名的人自告奋勇去买千里马。国王同意了。此人花费了3个月的时间，才打听到某处有一匹千里马。不幸的是，等他到达那里时，千里马已经死了。可是不能空手而回啊，于是他想了一个计谋，用500金买了马骨，带回去送给国王。国王看到此人花了500金买了一堆马骨头，非常生气。这人解释说："国王，我之所以这样做，是想让天下人知道，您是真心想出高价买好马，而不是欺骗别人。"果然不到一年时间，就有人送来了三匹千里马。

讲完故事，郭隗对燕昭王说："大王要是真心想得人才，就应该像买千里马的国君那样，让天下人知道你是真心求贤。我认为你可以先从我开始，当人们看到像我这样的人都能得到重用，比我更有才能的人就会来投奔你。"听了郭隗的话，燕昭王认为有理，就拜郭隗为师，还给他优厚的俸禄，并让他修筑了"黄金台"，作为招纳天下贤士的地方。消息传出去不久，乐毅、邹衍和剧辛等一大批贤士纷纷从各自的国家来到燕国。经过二十多年的努力，燕国终于强盛起来，打败了齐国，夺回了被占领的土地。

不管是通过买马骨的方法来买千里马，还是用修筑黄金台的方法来吸引人才，所运用的都是一种"海潮效应"。燕昭王采纳了郭隗的建议，不因为对方不是大才就不尊敬，而是拜他为师，告诉天下人，他真心招募人才，所以各方的贤士纷纷来到燕国，燕国因此日渐强盛，给后人留下了深刻的启示。

在现代企业管理中，人才成为公司发展不可缺少的重要因素，为了留住人才，企业领导者可谓想尽方法，各种福利政策都尝试过了，但是效果并不理想。这是为什么呢？人才究竟想要的是什么呢？如何才能吸引人才呢？首先一个重要的问题就是，要营造热爱人才的名声，只有这样人才才会主动上门。换句话说，如果一个公司有良好的重视人才的名声，就会对人才具有吸引力。

那么，如何获得这样的名声呢？显然，如果领导者只停留在口头上是不行的，这需要领导者真真正正地在此方面下功夫，深入细致地考虑员工的各种需求，并尽可能地满足他们的要求，从而抓住员工的心。具体要做到：

1.以物质激励为主要模式

在人才市场上，人才流动和应聘的最主要目的一般都是为了改变自己的生活环境，增加收入。因此，作为领导者要明白物质激励是激励的主要模式，因为目前我国职工收入较低，所以企业内部使用最普遍的激励模式还应该是物质激励。

2.重视非物质激励

作为企业领导者，要吸引人才，招揽人才，不能仅仅以高薪作为砝码，还需重视非物质激励。例如，员工职位的提升、权力的扩大、良好的人际氛围等。只靠提高薪资来维系下属，往往会使下属养成“这山看着那山高”的心态，总有一天，他们会禁不住高薪诱惑而另寻他门。因此，在激烈的人才竞争市场中，要想从根本上留住人才，那么，除了改善硬环境以外，软环境的改善也至关重要。领导者在这一方面一定要多加注意。

3.激励要因人而异

每个员工来到企业，并不都是为了获得高薪，也并不都是为了寻求提升。每个人都会有自己不同的需求。因此，作为领导者，就要多了解员工的所思所想，了解他们内心真正的需求，如果在条件允许的情况下，尽量地满足他们。

雷尼尔效应：以亲和的文化氛围留住人才

在现代企业管理中，单纯的薪资的量的变化不一定能提高员工的积极性，这就要求企业的领导者要综合考虑薪资结构的变化，包括对员工自我需求最优化的考虑，即考虑如何提高员工的舒适度、员工自我实现度，同时，要寻求薪资的量的变化中的替代品，如用职位的变动来替代薪水的变化，用企业文化的认同来替代单纯的薪酬变化等。只有这样，才能最大限度地吸引和留住人才。

一天，美国西雅图华盛顿大学的领导准备在学校里修建一座体育馆。这原本是一件好事，可是却遭到了全校教授的强烈反对，对此校方非常纳闷。经调查才知道，原来他们不是反对建立体育馆，而是对它建立的位置很不满意。因为校方准备把体育馆建在校园内的华盛顿湖畔，一旦建成，就会挡住从教职工餐厅可以欣赏到的美丽的湖光山色。

在华盛顿大学，教授们的工资要比美国当时的平均工资水平低20%，而教授们之所以愿意继续留在那里，就是因为他们非常留恋西雅图的湖光山色。西雅图位于北太平洋东岸，华盛顿湖等大大小小的水域星罗棋布，天气晴朗时可以看到美洲最高的雪山之一——雷尼尔山峰，开车出去还可以看到一息尚存的圣海伦火山。正因为此，很多教授会愿意牺牲获得更高收入的机会。他们的这种偏好，被华盛顿大学的经济学教授们称之为“雷尼尔效应”。

在华盛顿大学，我们不难看出教授们的工资实质上80%是通过金钱来支付的，而20%是通过美丽的环境来支付的。如果校方因为修建体育馆而破坏了这美丽的环境，就意味着教授们的工资降低了20%，相信在这种情况下，大多数教授都会选择离开。试想一下，华盛顿大学还能以之前的工资聘到同等水平的教授吗？显然不能。由此可见，“美好的环境”也是一种无形的财富，能起到吸引人才、留住人才的作用。

在现代企业管理中，仅仅依靠物质激励来留住人才，已经越来越不合时宜了。体力活动在减少，而脑力劳动在增加，再加上员工享有充分的选择自由，人力资本有了很大的流动性。

所以，要想留住优秀的员工，就必须给员工创造一种无形的财富。美丽的西雅图风光可以留住华盛顿大学的教授，同样的道理，企业也可以用“美好的环境”来吸引和留住人才。当然，这里的“美好的环境”不仅仅是自然界的风光，而且包含着良好的人际关系和亲和的文化氛围。它作为一种重要的无形财富，起到了吸引和留住人才的作用。

良好的人际关系有利于沟通，使人心情愉快；亲和的文化氛围，有助于凝聚人心，培养团队精神。

美国卡尔松旅游公司的总裁纳尔逊女士为了给公司员工营造一个舒心的工作环境，作出规定：员工每年可以有一周的带薪休假；如果员工对公司提出好的建议或者工作表现出色，公司会给予鼓励；领导者和员工之间要多沟通，多交流。对这些规定，纳尔逊女士坚定不移地执行着，她的信守诺言使她获得了美誉，员工愿意一直留在公司里，是因为她的公司不仅仅追求利润，也非常关心员工。正是通过这种方式，卡尔松旅游公司把人才牢牢地吸引住了。

如今，越来越多的企业领导者认识到了企业亲和的文化氛围对员工的重要性，他们明白，企业要想留住人才，就一定要创造出优秀的企业文化。

当然，“雷尼尔效应”的应用远不止这些，一个健康的、优秀的企业应该主动营造这种氛围。多替员工考虑，不仅为员工提供良好的工作环境，而且多给予他们锻炼和再深造的机会，使他们对自己的工作产生浓厚的兴趣，从而自觉自愿地发挥主观能动性，积极努力地工作，不断提高自身素质。除此之外，还应该让员工在公司找到真正的归属感，从内心把公司当成自己的家，把自己当成公司的主人，把同事当成自己的亲人和朋友，彼此之间团结、互助、合作，建立融洽的工作氛围。只有这样，才能让员工们毫无怨言地努力与奉献，才能更好地稳定人心，留住人才。

第3章

高效沟通，解开心理结节的有效方法

对于领导者来说，及时与员工沟通是至关重要的。从大处讲，沟通有助于领导者从员工那里获取一些对决策有用的信息，同时决策要得到实施，与员工沟通也是必不可少的一个环节；从小处来说，如果能够与员工及时进行沟通，则能够了解他们在工作中的最真实的想法，及时消除他们与领导之间的矛盾，满足他们的心理需求。

乔治定理：营造沟通或交流的民主氛围

“乔治定理”是美国管理学家小克劳德·乔治提出的。它的具体内容是：“有效地进行适当的意见交流，对一个组织的气候和生产能力会产生有益的和积极的影响。”尽管小克劳德·乔治的这句话看似平淡无奇，但却深刻地揭示了企业在生产经营活动中必须遵循的一条重要原则，那就是：企业的内部沟通或意见交流只有制度化、日常化，才能在企业内部建立起一个频繁交流的民主氛围。之所以这样说，是因为随着市场竞争的不断升级，有效的内部沟通已经成为企业成功的关键因素之一。

尽管企业的内部沟通或意见交流关乎企业的兴衰成败，但仍被很多领导者所忽略。原因无他，就是因为意见交流是领导日常工作的一部分，由于它的经常性，才被领导者们忽略。很多领导者认为，既然下属都已经在做事情了，就没有必要再去跟他们沟通如何才能把事情做好，或者做事情的过程中会有什么样的困难。因此，很多公司大会小会不断，但却没有真正做到“意见交流”，白白浪费了那么多时间和精力；很多下属的好方案由于没有进行“意见交流”而被搁浅。

王芳是某公司的总经理秘书，一天，王芳接到通知，说总公司领导第二天到他们公司进行巡查。由于当时总经理不在，王芳便准备自己拟定一套接待方案，等总经理回来再报给他。等总经理回来后，王芳就拿着准备好的接待方案向他汇报。汇报的过程中，总经理什么也没说，只是不停地点头。王芳心想：总经理点头就表示同意了这套方案。于是，她走出办公室后，就把自己的这套方案给了相关部门，让他们照着去执行。

可是，等总公司巡查组的人员走了以后，总经理对这套接待方案非常不满，不但严厉批评了王芳，还警告她下次不要再自作主张，他才是总经理。后来，经过王芳的解释，总经理还是没有想起来。原来，在王芳向他汇报这个方案的时候，他根本没有听，而是自顾自地考虑事情。

还有一次，王芳去给总经理汇报公司这个季度的销售情况。她在汇报的时候，还特意对总经理说，销售部门综合了一下意见，大家一致觉得公司在下一季度，甚至下下季度应该在开辟市场上多下功夫，否则很有可能被竞争对手挤出市场。王芳说完，等待着总经理的回复，可是却发现总经理没有任何反应。原来，总经理看似在认真地听王芳的报告，其实心里想的却是如何降低公司运营的成本，如何减少公司的日常支出。王芳很失望，就再也不提这件事情了。而总经理看王芳走出了办公室，就想估计没什么重要事情，也就没有叫住王芳。

时间又过了将近半年，公司由于在这半年内没有开拓市场，自己公司的产品隐隐有被挤出市场的趋势，总经理就赶紧问清楚具体情况，但为时已晚。

这就是一个典型的“无效沟通”的案例，虽然下属一直在和领导沟通，但是领导却根本没有回应，结果导致沟通不顺畅，影响了企业的发展和上下级之间的融洽关系。所以，企业的领导者一定要注意，有效的沟通首先必须是双向的，在和下属交流的过程中，不能只说不听，也不能只听不说，更不能不听也不说。

对于员工而言，究竟在一个怎样的企业里工作，才能使他们心情愉快，哪怕他们再苦再累，也是心甘情愿的呢？答案很简单，那就是一个沟通顺畅的企业。因为一个沟通顺畅的企业必定是一个工作气氛非常融洽，工作效率极高的企业。可以这样说，沟通不仅能创造和谐，还能赢得人心，更能凝聚士气和斗志。沟通产生的士气和斗志，正是支撑企业大厦的中流砥柱。对于一个企业而言，一旦离开了这种中流砥柱，要想凝聚人心就会非常之困难，更不用说再向前发展了。

通用电气公司从最高决策层到各级主管，均实行敞开式办公，即“门户开放”政策，在公司里，韦尔奇随时欢迎职工进入他们的办公室反映各种情况。最具特征的一点就是：公司从上到下，不论是总经理还是一般员工没有尊卑之分。提倡互相尊重，相互依赖，上下级之间的关系非常亲切、融洽，员工感觉就像一个和睦的大家庭。正是在这种感情沟通式的管理下，通用电气公司的发展速度远远超过其他公司。

很显然，通用公司的这种“下情能为上知，上意迅速下达”的做法，是任何一个想要实现高速运转，并在高速运转的同时还能充满生机和活力的企业需要借鉴的。换句话说，就是一家企业如果想做到像通用公司一样成功，那么，有效的沟通渠道是必需的，也就是企业的部门之间应该互通信息，同甘共苦，协同作战。一项权威调查表明：一个企业的中级领导者只有60%的时间在与人沟通，而一个高级领导与人沟通的时间则高达80%。由此不难看出，沟通的有效性对领导力和企业发展有着巨大的影响。英特尔的前任CEO曾经说过这样的话："领导公司成功的'法宝'是沟通、沟通、再沟通。"可见，无论是国内还是国外事业有成的企业领导者，他们无一不视"有效的沟通"为管理的真谛。

威尔德定理：善于倾听，让下属说出心里话

作为一名优秀的领导者，在跟下属交谈过程中，除了要具备绝佳的口才之外，还要学会如何倾听。因为，只有你学会如何去专注地倾听下属讲话，才能提高你在他们心中的地位，才能让他们在你说话的时候更好地接受你的意见和建议。正如英国管理学家L.威尔德一句十分经典的话："人际沟通始于聆听，终于回答。"

说话的功夫有一半在倾听上，一问一答之间就可以让你受益无穷。在企业内部，倾听是领导者与下属沟通的基础，可以

说，如果不能成为善于倾听的领导者，就不能成为下属心目中优秀的领导者。

那么，善于倾听对领导者有什么益处呢？

1.倾听能更加真实地了解员工，增强沟通的效果

如果在下属面前，一个领导者一味地给对方灌输思想，而从来不去倾听，那么他是不会了解员工的真实想法的，因此领导者应尽可能多地去听听员工要说什么，想说什么，说不定下属提出的某一个方案会对企业有效。

2.倾听是解决和下属冲突、矛盾的最好方法

当你的下属满腹牢骚时，作为领导者不要动怒，你所需要做的只是耐心地去倾听，听他把自己的苦恼都倒出来，这样事情就比较容易解决，否则，他总是情绪不佳，会给领导者的工作带来很多困扰。

3. 倾听让员工感觉到被尊重或被欣赏

比起别人，或者是企业，相信绝大多数员工更感兴趣的是自己的事情，更关注的是自己的问题，更注重的是自己的表现。因此，他们渴望自己能够获得领导者的赏识，一旦领导者能够专心倾听下属谈论自己的事情，他会觉得自己受到了重视，从而工作起来充满热情，更加勤奋与努力，和领导者之间的关系自然就会变得和谐很多。

美国的一家经营日化品生意的公司，有这样一位奇怪的销售总监。之所以说他奇怪，是因为虽然他对该行业的特点以及

销售上的技巧一窍不通，但是他却受到了下属们足够的尊重，并且在公司里被认为是最好的领导者。

每当下属的经理或业务代表需要他的建议或忠告时，他却不能给予他们帮助——因为他什么也不懂。但尽管如此，这位销售总监每次都能以足够的耐心和沉静去倾听下属或业务代表们的讲话，并且无论对方问什么建议，他总是适时地回答：“你觉得该怎么办？”这个时候，经理们或者业务代表就会提出自己的意见或建议，他就会很认真地倾听，并且点头同意。最后，经理们或者是业务代表总能够满意地离去，并且还会暗想：总监还真是有一套！

每个人都希望得到别人的尊重和赏识，你的下属也不例外。倾听就是一种很好的方法。这位销售总监虽然不懂什么管理或者销售技巧，但是他却掌握了一项更加重要的能力，那就是“倾听”，因为“倾听”让他成为下属心目中的好领导。

既然“听”有这么重要，还能给领导者带来如此多的好处，那么，领导者究竟怎样做才能成为一个“听话”的高手呢？下面总结了几条听别人讲话时要遵循的原则，希望领导们在实际“听”的过程中能够遵守。

1.不应距离下属过远

在倾听下属讲话时，如果与对方保持过远的距离，或者俯视下属，都会让下属产生被疏远或压迫的感觉，这样一来，下属就很难敞开心胸与你说话。

你可以调整一下自己的肢体来表明你正在耐心地听他讲话，比如，靠近下属或是身体前倾。

2.听话时要全神贯注

别人讲话时，脑袋里不要再想其他事情，要把注意力放在讲话者身上，并且注视着他，而不是东张西望。

3.使用肯定的语气认同对方的讲话

下属在讲话时，应该尽量多使用一些“嗯”“哦”“明白”“有意思”等带有明显肯定语气的短句，来肯定对方说话的内容。另外，还可以说“我想听听你的看法”“我对你说的很感兴趣”等带有鼓励语气的话，借此来鼓励下属说更多的内容。

4.不要轻易发表意见

这也是最重要的一点。在没有听完下属讲话之前，不要轻易地发表你的意见，因为如果你没有真正了解下属话中内容就匆匆下结论的话，肯定会打击下属说话的积极性，下属的谈话可能会因此而终止，最终影响沟通的效果。

5.不要让个人的喜好支配自己

有时候，领导者会因为不太喜欢讲话者的说话声音，或者讨厌讲话者的表达方式就不仔细倾听，这些个人好恶会阻碍领导者去听别人讲话。但是，作为领导者更需要注意话中的内容，而不是关注自己的喜好。

位差效应：平等交流才能有效沟通

在日常生活和工作中，可能很多人都有过这样的经历：当面对一个比自己地位高且威望大的人时，我们会表现失常，本来事先想好的一切都在不知所措中乱了套，以致出现许多尴尬的局面，而如果在一个地位和威望都比自己稍低的一些人面前，我们则会应付自如，甚至超常发挥。其实这就是“位差效应”。

“位差效应”的具体内容是：“来自领导层的信息只有20%~25%被下级知道并正确理解，而从下到上反馈的信息则不超过10%，平行交流的效率则可达到90%以上。”这一效应是美国加利福尼亚州立大学对企业内部沟通进行研究后提出来的。经过进一步的研究，他们发现，平行交流的效率之所以如此之高，是因为平行交流是一种以平等为基础的交流。为此，他们还尝试着在企业内部建立一种平等沟通的机制。于是，他们发现，在企业内部建立平等沟通的机制，不仅可以大大增加上下级之间的协调沟通能力，使他们在价值观、道德观、经营哲学等方面很快地达成一致；还可以使领导者与员工之间、各个部门之间的信息形成较为对称的流动，无论是业务流、信息流，还是制度流都更为通畅，信息在执行过程中发生变形的情况也会大大减少。因此，他们得出这样一个结论：平等交流是保证企业有效沟通的关键。

在沃尔玛公司内部，公司领导者就非常注重和员工进行平等交流。领导者们认为，倾听基层员工的意见是一项非常重要的工作，就算现在公司正在扩大规模也不能忽视这项工作。沃尔玛内部实行的是“门户开放”政策，也就是说，公司的员工只要有自己的建议和关心的事情，即便投诉受到不公平的待遇，他们都可以随时随地用口头或书面的形式与管理人员，甚至总裁进行直接沟通。而且公司还向员工们作出承诺：只要他们提出了建议，公司就绝对会讨论研究，而对于可行性建议，公司会积极采纳并用来管理公司。

还有，在沃尔玛公司经常会发生一些这样有趣的事情：有一些各地的基层员工来到总部要求见董事长。董事长沃尔顿先生更是热情地接待他们，并耐心地将他们要说的话听完。如果某些员工是正确的，他就会认真解决相关的问题。不只是沃尔顿董事长自己如此重视员工的意见，他还要求公司的每一位领导者都认真贯彻公司的这一思想，不能只做表面文章。

沃尔玛公司除了重视员工的建议之外，还非常重视对员工的精神进行鼓励。无论是总部，还是商店的橱窗内，都悬挂着先进员工的照片。不光是员工，就连一些优秀的管理者，他们也会被授予“山姆·沃尔顿企业家”的称号。

在职场中，组织成员间由于地位不同而造成的心理隔阂，是阻碍组织成员间信息和情感沟通的最主要因素。因为上下级地位的不同，可以使人产生两种不同的心理：一个是上位心理，另一个是下位心理。处于上级地位且具有上位心理的人往往会有某种优越感，这是由于他们处于比别人高的地位造成的；而处于下级地位且具有下位心理的人则会有某种自卑感，这主要是因为他们处于比别人低的地位。而这两种人的自我感觉能力也有很大的差别：具有上位心理的人，他们的自我感觉能力等于他们的实际能力加上上位助力；而具有下位心理的人，他们的自我感觉能力等于他们的实际能力减去下位减力。

因此，作为领导者，在和下属相处的时候要尽量克服沟通的位差，打破上下级之间的等级壁垒，建立平等的交流机制，从而促进组织成员之间的沟通。具体应该从以下方面来进行。

1.最大努力地获取第一手材料

日本管理学家在实践中证实：信息每经过一个层次，其失真率为10%~15%；上级向他的直接下属所传递的信息平均只有20%~25%被正确理解，而下属向他的直接上级所反映的信息被正确理解的则不超过10%。因此，领导者在和下属沟通交流时，要尽量少用或者不用经过各职位层次传输过来的信息，而应该获取第一手资料。

2.广开沟通和交流渠道

事实证明：通过权限的正式途径向下级或上级传递的信息，实际只占组织整个信息网络的一小部分，大部分是通过非正式组织传递的。因此，领导者应该多通过一些交流渠道来了解信息，和下属进行沟通。

3.走群众路线

作为领导者，应努力坚持走群众路线，注重实际调查研究，既主张和允许下属报喜，也要提倡和鼓励下属报忧，大力支持和保护那些敢于讲真话或者和自己意见相左的人才。

4.摒弃虚荣心

对于一个领导者而言，要想克服沟通的位差，最重要的一点便是凡事都能以身作则，切不可刚愎自用，唯我独尊，总在下属面前摆出“一贯正确”的架势。而领导者做到这一切的前提，就是要摒弃自己的虚荣心，要敢于承担责任，努力使企业内部形成浓厚的批评与自我批评的氛围。

杰亨利法则：运用坦率、真诚的沟通方式

杰亨利法则是指运用坦率真诚的沟通方式。在企业里，人际的沟通是无可避免的，沟通问题也同样无可避免，开放、真诚、坦率是人际关系中的重要元素，是促进沟通渠道畅通的有效保证。

西方有句谚语：“一盎司的真诚胜过一磅重的智慧。”意在说明谈话中只有真诚，才能引起对方感情上的共鸣。真诚是沟通必不可少的，要想说服别人，自己首先要做到意恳情真，如果态度冷漠、语气生硬，就会使听者心生反感，很难达到沟通的目的。

然而遗憾的是，现实中很多领导者在和下属沟通的时候往往忽视了真诚的重要性，他们错误地认为只有态度严肃、语气冰

冷才能显示领导者的权威，因此和下属沟通时总保持一种居高临下、咄咄逼人的姿态，在这样的沟通氛围中，虽然有些下属会流露出一副诚惶诚恐的表情，并一再表示一定会按照领导的吩咐去做，但事实上，一转身他们就会把领导的指令忘得一干二净。试想，又有谁愿意记住别人的恶言恶语呢？所以虽然他们知道领导的谈话对工作的重要性，但是还是会按照自己的想法去工作。

所以，领导者要记住，动人心者莫先乎之于情，只有坦率、真诚地和下属沟通，才会取得好的效果。

美国总统尼克松曾经以真诚的话语赢得了人心。

当时，尼克松正在为竞选四处奔走，突然在《纽约时报》上登出抨击他在竞选中秘密受贿的事情，因此舆论大哗，给尼克松造成很大的压力，而且他竞选班子里的高级顾问已经决定要他退出竞选。为了说服对他产生怀疑的人们，为了证明自己是清白的，尼克松决定在电视台发表讲话。

当尼克松在电视屏幕上出现时，整个美国都安静了下来，尼克松采取了一个政治史上罕见的行动，他把自己的财务史完全公开，从自己的家产一直谈到自己的外债，这样，尼克松首先得到了听众的同情。然后他话锋一转，详细说明自己的收入情况，把如何花掉每一分钱都告诉听众——从操心为孩子纠正牙齿，到改装锅炉的每一个款项。他还告诉大家："这次竞选提名之后，确实收到一件礼物，那就是得克萨斯州有人送给我孩子的一只小狗。"

当尼克松讲完走出演播大厅时，听众报以热烈的欢呼声，这次电视讲话不但让事实得到了澄清，也让他得到了公众的理解。

可见，真诚的话语，坦率的态度更容易使人接受。而这一点，也是领导们应该做到的。

真诚有效的沟通能拆除领导者和员工中间的壁垒，正确运用沟通手段可以帮助企业建立一支以协作工作为中心的强健员工队伍，可以增强企业的竞争力和凝聚力。

英国的著名企业维京集团是一家年营业收入高达数十亿美元的大企业。企业创始人兼董事长理查德·布兰森建立起一种“把你的点子大声说出来”的创意机制。这种机制包括：该公司所有员工都知道布兰森的电话，员工一有好的构想，就能通过各种渠道让他知晓。不仅如此，布兰森还要求集团每年举办一次“家宴”，为那些愿意为企业贡献点子、平时较不易碰到自己的员工制造了毛遂自荐的机会，这种“家宴”为期一周，参加人数多达3500人。

该集团旗下几乎每一个企业都设立了自己特有的渠道，使员工的建议和好的主意可以上达。例如，一些主管在当地的某家餐厅常年预留了8个空位子，员工如果觉得自己有好的建议，就可以申请和主管共进午餐，在用餐时共同讨论。另外，维京集团还设立了性质跟总部办公室几乎相同的机构——“维京管理团队”，协助新事业的实际开发作业。

布兰森的这一创意机制大大调动了维京员工的创造性和积

极性，他们为公司出谋划策，想了很多好点子。例如，维京新娘公司、维京日益壮大的国际互联网事业，都是员工向布兰森提出的建议。维京集团为员工创造开放的氛围，使员工之间以及员工和领导之间自由交流、自由揭示，使企业受益匪浅。

坦诚是为人之本，也是交际之本。如果你缺少真诚，就会失去人心，最终成为孤家寡人。

那么，领导者应该如何做到真诚、坦率地沟通呢？

1.沟通首先应该主动

不管是领导者还是员工，管理者还是被管理者、部门和部门之间都应该积极主动地沟通。不要等问题出来了再去解决，每个人都应该主动地把自己的心交出来，用自己的真心换取别人的真心。

2.沟通一定是双向的

领导者一定要明白一点：沟通不是简单的说教，而是心灵与心灵的碰撞，是相互理解和原谅。

3.沟通必须站在对方的角度看问题

很多时候，出了问题大家互相埋怨，说对方不尊重自己，不理解自己，其实，如果你站在对方的角度去看问题，也许就会获得不一样的答案了。

4.沟通的过程中应尊重对方

无论是学历还是职位的差异，都不应该作为领导者不尊重对方的借口，很多领导者喜欢以职位压倒对方，其实这种做法是不可取的。在沟通中，领导者一定要尊重对方。

留白效应：事不能做绝，话也不能说尽

在中国山水画中有一种特殊的技法，叫做“留白”，简单来说，就是画师在作画时会刻意地留下一段空白，而这段空白则会使观赏者产生无尽的想象。无独有偶，作曲家作曲，也会经常在乐曲中间留下停顿，这也是“留白”作用的体现。不管是绘画，还是作曲，适当地留一些空白，留一些余地，反而能收到更好的效果，而这在心理学上，就是所谓的“留白效应”。

对于领导者而言，如果在与员工的交流沟通中，能够善用这种“留白效应”的话，那就会收到意想不到的效果。也就是说，在领导者与员工的沟通中，一些欲言又止的话，或者一些不说的话相比于直接的批评或建议，会更加蕴涵道理，更加意味深长。因为，人总有这样的心理：在感知世界的时候，如果感知对象不完整，就会下意识地去联想，在大脑中对其进行补充，直至完整。更加妙不可言的是，人们对于经过联想“补充完整”的感知对象，往往会产生更加深刻的印象，更加强烈的心理效应。

因此，一个领导者在与员工沟通时，一定要注意给员工留有转身的余地，要给予员工更多的时间去思考，去体会，只有这样自己才有大道可行。换句话说就是，领导者与员工沟通时，少说一些太过绝对的话或使用绝对的词语，比如“一定”“必须怎么怎么样”，因为人们对于绝对的东西，在心理上都有一种排斥感。也就是说，领导者在与员工沟通和接触的过程中，要切记：话不说尽，事不做绝，不但给自己，也给别人留有余地。

要想成为成功的领导者，要想让下属心甘情愿接受你的批评、建言和管理，不论在任何场合，对下属说话时都要给下属留面子，同时也给自己留有余地，不要将话说得太尽，事做得太绝。

多年前，通用电气公司面临一项需要慎重处理的工作——免除查尔斯·史坦恩梅茨的部门主管之职。史坦恩梅茨在电气方面是一等的天才，但却非常不适合担任计算部门主管，而通用公司直到后来才发现他并不适合这个职位。但是考虑到，史坦恩梅茨脾气暴躁、名声在外，对公司也做过很大的贡献，所以公司不敢冒犯他，也绝对解雇不了他。过了一段时间，公司终于想出了办法，他们给了他一个新头衔，让他担任“通用电气公司顾问工程师”——工作还是和以前一样，只是换了一个新头衔——并让其他人担任计算部门主管。

对于这个结果，史坦恩梅茨非常高兴，通用公司的高级管理人员也很高兴。他们已经温和地调动了这位暴躁的“大牌明星”的职位，而且并没有因此而引起一场大风暴，保全了对方的面子。

给员工留有尊严对于领导者来说非常重要，这在很大程度上决定着你的命令能否上传下达，决定着员工的工作积极性，甚至影响到公司的前途，但是很少有领导者能做到这一点。其实，你只需要多作一两分钟的思考，多说一两句体谅的话，就可以很有效地减少对下属的伤害。

鲍威尔·杜克，不仅是一位优秀的会计师，还是一家会计师事务所的拥有者。他曾经说过这样的话："对于我来说，最痛苦的事情莫过于解雇别人，当然，被解雇的人同样很痛苦。众所周知，我们的业务具有季节性，因此，当所得税申报热潮过后，我们不得不裁掉很多人。久而久之，无论是我们，还是受雇佣者，都已变得麻木不仁，只希望事情赶快过去。一般情况下，开场白都是这样的：'你好，杰夫先生，你知道我们只是在旺季的时候才雇佣你的，可现在旺季已经过去，我们已经没什么业务分配给你了，因此……'"

"很显然，这种开场白不但会让人感到很失望，而且会有一种被损及尊严的感觉，因此，若非没有更好的办法，我绝不会轻易说解雇别人，而是委婉地告诉对方：'哦，杰夫先生，你知道吗？你的工作做得非常出色。还记得吗？上次你在纳斯达，遇到了那么多麻烦，可你处理得很棒，一点差错都没有。我想跟你说的是，公司以你为骄傲，愿意永远支持你，当然，你的能力更是不容置疑。希望你记得这些。'听了这样的话，被解雇的人肯定不会那么痛苦，起码不会觉得损及尊严。因为他们知道，如果我们有业务的话，肯定会继续留给他们做的，或是我们以后再需要他们时，他们也是非常乐意回来的。"

鲍威尔·杜克的谈话内涵并没有改变多少，他只是在辞退下属的时候多说了几句赞美肯定的话，这样就很好地维护了对方的面子，也为自己留下了后路。因此，只要改变一点点，就可以利人利己。

总之，领导者在日常与员工沟通时，要熟练应用“留白效应”，无论是说话还是做事，一定要为以后留些余地。俗话说“凡事留一线，日后好见面”，做事不要做绝，说话不要说尽。待人处世，需要留有余地方能进退自如。这是中庸哲学中最重要的一点。在人情世态错综复杂的社会中，不要忘了婉转地给自己留个小小的空间，给对方留个台阶，切忌把话说尽，把事做绝。

投射效应：不要站在自己的角度去审视他人

心理学家经过研究发现，人们在人际交往中，会不自觉地猜测，认为自己具有某种特征，那么对方也与自己具有相同的特征。比如，一个心地善良的人会下意识地认为别人也是善良的；一个心胸狭窄的人同样认为别人也是个小心眼。这其实就是所谓的“投射效应”，简单来讲，就是“以己之心，度人之腹”。这种行为往往会让我们对他人的感情、意向作出错误的估计或判断。

一个农夫在冬天看见一条冻僵的蛇，觉得它可怜，就把它小心翼翼地揣进怀里，用身体温暖它。那蛇吸收了暖气，渐渐恢复了生机。等它彻底醒过来，便立即恢复了本性，用毒牙狠狠咬了农夫一口，农夫受了致命的创伤。他临死时痛恨地说："我可怜恶人，不辨好坏，结果害了自己，遭到这样的恶报。"

"农夫和蛇"的故事，实际上就证明了投射效应。农夫认为：我救了你，你应该感激我、报答我。这只是农夫单方面的美好愿望，他以自己的心态去假设别人的心态，但别人的所思所想却并不一定是他所认为的那样。

投射效应可以分为"错误投射"和"正确投射"两种。错误投射会对自己的生活或工作产生负面影响，而正确投射则会对自己的生活或工作产生正面影响。对于领导者而言，就是要在日常工作中避免错误投射，进行正确投射。在此可以看一下芭比娃娃在日本畅销的过程。

众所周知，芭比娃娃是20世纪最广为人知及最畅销的玩偶，可尽管如此，芭比娃娃在刚进入日本市场的时候，却没有得到当地消费者的青睐。经过商家大量走访和调查，终于发现了人们冷落芭比娃娃的原因：原来在日本，洋娃娃代表着小女孩长大后的自身形象，可芭比娃娃的眼睛是蓝色的，胸部又太大，腿也太长，不符合日本美少女的形象，不符合日本人的审美观。

于是，为了更好地迎合日本市场，商家和公司进行了商谈，最后决定把芭比娃娃的蓝色眼睛改成日本人喜欢并习惯的咖啡色，并修改了芭比娃娃的胸部和那两条长腿。果然立竿见影，经过这番改动，芭比娃娃在短短两年之内就销售了大约两百万件。

毫无疑问，导致芭比娃娃最初在日本销售不佳的罪魁祸首，正是商家的错误“投射”。商家们受到自身审美观的影响，想当然地把欧美的形象错误地投射到日本人身上，得不到日本人民的欢迎也是理所当然的。而经过正确“投射”后的芭比娃娃能取得后来的佳绩，也在情理之中。

上面的案例正好符合心理学上所讲到的：“在人际交往中，如果别人的行为有异于我们的行为时，我们会不自觉地拿自己的行为标准去衡量别人的行为，并且认为自己的行为才是符合常规的。”实际上，不是别人的行为违反了常规，而是我们自己的行为违反了他人的规则。

毫无疑问，“正确投射”的影响力是巨大的，如果我们想要得到对方的认可，并让对方对我们刮目相看，进而支持我们、拥戴我们，帮助我们获得成功，那就要掌握对方的心理规律；否则，“错误投射”只能取得相反的效果。

因此，在与员工沟通的过程中，领导者一定要懂得正确的投射，这样才能得到员工的支持，才能实现企业的目标。而且，要尽量克服错误投射，减少与员工沟通的障碍。具体来说，领导者可以从下面三点做起：

1.多与对方沟通，增进了解

作为一名领导者，如果你觉得自己的想法和员工的想法大相径庭时，那你不妨与对方诚心实意地沟通一番，了解对方的想法，还应该搞清楚他之所以这样说、这样做的原因。当你弄明白了这些，你才能更好地了解对方，这有助于你缓解并减少与员工沟通中的矛盾。也就是说，作为一名领导者，只有以开诚布公的沟通代替猜疑和假想，用客观的了解代替主观的认知，才能把握事实的真相。

2.学会换位思考，多为对方着想

由于每个人的生活环境、社会地位、受教育程度、自身个性、生活需求等存在着差异，因此每个人的思维方法和行为模式也有着千差万别。所以，作为一个领导者，不要总站在自己的角度去看待别人，一定要学会换位思考，要多替对方着想，多体谅对方的难处，这样才能减少与员工沟通的障碍，才能做到“正确投射”。

3.换个思维，多角度思考问题

不可否认，“投射”是一个了解他人的方法，但仍然需要通过思考来验证。因为在了解他人的时候，只有通过多角度的思考，我们才能避免被对方外在的行为表现所蒙蔽或误导，才不会“以己之心，度人之腹”。所以，作为一名领导者，当你欲对他人作出某种结论的时候，不妨换个思维，多角度地思考一下，看看这个结论有没有受到自己思维和固有经验的影响或干扰。

第4章

激励功用，在下属心里激起千层浪

在工作中我们不难发现，当下属的某种行为得到领导的正面影响时，其积极性就能得到充分调动，创造力也能得到超水平发挥。可见，领导的艺术不在于作指示、下命令，而在于如何激励、唤醒、鼓舞下属为工作目标去奋斗。激励是一种管理的艺术，是一种并非人人都会的技巧，是一门需要穷极一生的智慧去领悟的哲学。一个只会下命令的领导不是好领导，一个真正优秀的领导会运用各种心理学艺术正面影响下属的心理，激发他们埋藏在内心的进取心，以共同实现部门目标。

暗示效应：潜移默化中激励员工更好地工作

所谓“暗示效应”，是指在没有对抗情绪存在的情况下，用含蓄或间接的方法对人们的心理或行为产生影响，从而使被暗示者按照暗示者期望的方式去行动或接受意见，并能达到暗示者所期望的目标。

人们在日常生活和工作中经常会有意或无意地运用暗示，可以说，无论是谁都无时无刻不在接受别人的暗示，也无时无刻不在暗示别人，从而使人与人之间产生了相互影响和相互作用。作为一名领导者，在管理下属的过程中，要多了解“暗示效应”，并把它积极的一面运用到日常的管理工作当中。

就拿大家耳熟能详的成语“望梅止渴”来说吧，它就是运用“暗示效应”的最佳例证：曹操有次率兵远途跋涉，正值天气炎热，官兵们又累又渴，偏偏又找不到水井和溪流。于是曹操大谈：“前面山上有一片梅林……”因为梅子是酸的，所以一提到梅子，“酸”的心理暗示便发挥了作用，于是，士兵的口腔便分泌大量唾液，起到了暂时解渴的作用。在我国古代，尽管曹操没有读过心理学，也说不出“暗示效应”的专业术语，但他却懂得利用“暗示效应”，真可谓是一位杰出的“心理学家”。

在企业里，一个优秀的领导者也一定是一个优秀的心理学家，他会在日常工作中，不断地给下属一种心理暗示，让他们相信只要自己努力，成功肯定会降临，那么下属的积极性就会在潜移默化中得到极大的发挥，从而在工作中不断前进。

美国田纳西州有一座工厂，许多工人都是从附近农村招募来的。由于环境的改变，很多人不喜欢在车间里工作，总觉得车间里的空气太少，因此顾虑重重，工作效率也大幅下降。面对这种情况，厂方领导充分利用了“暗示效应”，他们在车间的窗户上系了一条条轻薄的绸巾，这些绸巾不断地飘动着，让工人们感觉空气正从窗户里涌出来，于是工人们的心病没有了，工作效率随之提高。

其实，给窗户上系上绸布，并没有增加车间里的空气，但是它却让里面的工人产生一种“车间充满空气”的感觉，可见，暗示对领导激励下属工作起着非常重要的作用。那么领导者应如何给下属一些积极的暗示呢？首先需要了解有哪些暗示方法。

1.语言暗示

语言暗示是最常见的一种暗示方法。例如，应聘者求职时，有些符合条件的应聘者会询问薪水问题，而在这种时候，有经验的面试考官就会有礼貌地反问：“您能否告诉我们，您对自己薪水的具体要求？”当应聘者说出自己的要求后，面试考官就会说一些“我们认为您的要求是合理的”或者“只要您够努力，这样的愿望是肯定会实现的”之类的话。

2.情境暗示

打个简单的比方，如果一个企业需要招聘某项工程的工人，专门贴出公告供应聘人员选择，或者某企业准备在某地兴办工厂或者做什么事情而对当地情况进行了解，都叫情境暗示。

3.表情、手势暗示

在和下属交往的过程中，由于所处环境或针对事情的变化，领导者对下属往往会表现出或接纳或拒绝、或同意或否定、或赞扬或厌恶的感觉，在不便用语言直接表达时，往往会通过表情或者手势来表达，比如，摆摆手、鼓鼓掌、耸耸肩、嘟嘟嘴等，当然也可以是表情上的高兴、愤怒、热情、冷眼等，暗示对方自己对这件事情或者这个人的看法和态度。

4.行为暗示

在日常生活中，我们可能都见过这样的现象：一些商贩，为了推销产品，故意找人当托儿挤在自己的摊位面前虚张声势，制造一种生意兴隆的假象，而过往的人不知有诈，误认为这个摊位的商品物美价廉，货真价实，就挤进去购买，这就是一种行为暗示。

5.信誉暗示

由于人们对于名牌和出口商品质量会比较认可，所以很多商家就会给自己的产品冠以“国家金奖”“祖传秘方”“出口转内销”的称号，以招揽顾客，这就是一种信誉暗示。

6.符号暗示

平时我们最常见的符号暗示就是企业通过报刊、电台、电视台等各种宣传媒介，将企业概况、招聘岗位或者其他一些相关情况，提供给应聘者，以便他们作出选择，这就是一种符号暗示。

在了解了常见的一些暗示方法后，领导者就要及时地把暗示运用到管理工作中，不断激励下属，在潜移默化中，让下属不断前进。

马蝇效应：不断地激励，让员工不断前进

每个领导者都希望自己的下属能够对自己言听计从，完全按照自己的意愿去执行，而对那些总是挑战自己权威的下属感到反感。但是事实往往是那些言听计从的下属通常能力一般，而身怀绝技的人往往是那些比较傲慢、狂妄、自负的下属，若能处理好与这些人的关系，把他们放在合适的岗位上，那么他们就会像金子一样闪闪发光。

当年，林肯当选为美国总统后，大银行家巴恩曾对他说参议员萨蒙·蔡思不适合进入内阁。林肯问为什么。巴恩回答：“因为他认为他比你伟大。”林肯说：“那你还知道有谁认为

自己比我伟大？”巴恩疑惑林肯为何这样问。林肯回答：“因为我要把他们全都收入我的内阁。”

其实蔡思确实是一个目中无人、嫉妒心极重的家伙，而且他还热衷于追求最高领导权。但是，他也的确是个大能人。可他对任命他为财政部长的林肯非但不感激，还怀恨在心，激愤不已。因为蔡思对竞选总统失败，以及林肯没有任命自己为国务卿这两件事始终耿耿于怀。

后来《纽约时报》主编亨利·雷蒙特一再提醒林肯蔡思正在狂热地上蹿下跳，谋求总统职位。林肯以他那特有的幽默方式讲道：“老伙计，你应该对马蝇不陌生吧？有一次，我和我兄弟在农场犁地，你知道吗？那匹马很懒，可有段时间它却奔跑如飞。到了地头，我才发现它身上有只马蝇，于是我随手就把马蝇打死了。可我兄弟这时候却哭丧着脸对我说道：‘你真傻啊，正是有了它，我们的马才跑起来的啊！’”

正是有一只“总统欲”的马蝇叮着蔡思，才让他带领着财政部不断地往前奔跑，而正是“蔡思”这只马蝇，叮着林肯，才使林肯不敢松懈，不能停步，随时处在危机当中，给林肯和整个国家都带来了极大的益处。

林肯驾驭人才的能力可谓高明。作为企业的领导者，为何不用此方法将那些像蔡思一样的比较狂傲、又有强大能力的人充分利用起来呢？这类员工一般很难得到满足，他们有非常强的占有欲，或对金钱，或对利益，或对权势，而这些就是不断促使他们前进的“马蝇”。作为领导者，善用“马蝇效应”，不但可以减少组织冲突，而且可以让这些人为组织积极效力。

可见，如何使用这类人是一门大学问。

1.以宽容大度的胸襟接纳他们

领导者不但要善于接纳志同道合之人，对于那些跟自己意见相左，跟自己有纠纷有矛盾，但是有特殊才华的人更应有博大的胸怀，纳贤的度量去主动接近他们，团结他们。因为当他们感受到你的仁慈之怀，爱才之心和容才度量时，就会为你尽心尽力，与此同时，你的人格魅力会吸引更多的优秀人才与你一起干事业，为团队的发展创造更大的辉煌。

2.进行有效的激励

作为一个领导者，如果想要那些能力出众的下属踏实、卖力地工作，最好的办法就是对他们进行有效的激励。因为这些人不好管理，他们想得到的东西非常多，比如，金钱、利益、权势，以及精神上的满足，一旦得不到，他们就可能跳槽。

但在激励之前也要注意，一定要搞清楚他们内心的需求，以便投其所好，对症下药，让他们为了获得某一奖赏而努力往前冲。

3.把能力出众的下属作为叮咬自己的马蝇

对那些能力出众，但又“刺头”的下属除了要大胆启用外，还应该把他们看做叮咬自己的马蝇。因为这些人不仅能促进团队的发展，更重要的是，能促进自己不断前进与提升。有这样一群“马蝇”的存在，会时刻给自己带来压力和危机感，而自己也会处于警钟长鸣的状态中，这样自己就不会故步自封、高枕无忧了。而且，这样更能激励自己勤奋工作，努力完善自己。

边际效应：给予员工恰到好处的奖励

“边际效应”是指某种物品的消费量每增加一单位所增加的满足程度。通俗的解释就是：当人们向往某事物时，就会投入很多情绪，而第一次接触到此事物时情感体验最为强烈，但是，随着第二次、第三次等接触次数的增多，感觉会越来越淡，最后一步步趋向乏味。在这里，“边际”的含义可以理解为“额外增加的量”。我们可以通过一个小事例来说明：一个人在水果摊买了3斤苹果，在装袋子的时候摊主又额外拿出一个苹果送给顾客，这个额外增加的苹果所带给顾客的心理满足就是边际效用。

“边际效应”最大的特点就是它会随着“边际”的增加而逐渐递减。例如，当你特别饿的时候，有人为你端来一盘包子，吃第一个的时候，你的感觉好极了，认为这个包子就是世界上最好吃的食物，而吃得越多，单个包子给你带来的满足感就越小，直到你吃撑了，那其他的包子就起不到任何效用了。

关于边际效用递减还有一个非常有意思的故事：

罗斯福曾经三次连任美国总统，曾有记者问他有何感想，他一言不发，只是拿出一块三明治让记者吃，记者吃下去，总统又拿出第二块，记者勉强吃下去，没料到总统紧接着拿出第三块三明治，记者赶紧婉言谢绝，这时罗斯福笑着说："现在你知道我连任三届总统的滋味了吧！"

边际效用的应用可谓相当广泛。作为企业的领导者，会经常碰到需要鼓励下属的时候，这时就需要注意根据边际效用递减的规律调整自己的策略，不能盲目进行，而应做到恰到好处。例如，你准备通过涨工资来鼓励下属。如果你给3000元月薪的人增加1000元的工资，他们肯定会非常高兴，而如果你给6000元月薪的员工同样增加1000元，对他们的激励效果就会比前者差很多，所以似乎给低收入的人增加月薪对公司更有利；另外，要注意的是，经常只靠增加薪水来维持员工的工作热情效果不一定会很好。第一次给下属涨薪1000元，他们一般都会非常激动，大大增加了工作热情；而第二次涨薪1000元后，员工虽然很激动，但只会增加一些工作热情；第三次涨薪1000元后，员工也许会有点激动，但增加的工作热情可能微乎其微；第四次……最后的结果是：涨薪已经没什么效果，而成本压力却在节节上升。

应对激励中存在的边际效应递减现象是企业领导者面临的挑战之一。那么，作为领导者，应该如何奖励员工，才能以此来激励员工奋发向上，更好地收到预期的激励效果呢?

1.物质激励一定要适度

边际效用递减理论告诉我们，当物质激励的量达到一定程度后，其边际效用就会呈现递减趋势。由此可见，物质激励虽然有效，但是其作用也是有限的。因此领导者在实施物质激励的时候一定要适度。

2.正负激励相结合

在激励下属的时候，不能一味地正向激励，也不能一味地负向激励。一味地正向激励容易让下属变得浮躁、骄傲，而一味地负向激励则会令被激励者沮丧懊恼，对工作失去斗志，对自己失去信心。所以，最好的方法就是正负激励相结合。

3.激励的量应该渐增

对下属进行激励时，要学会逐步增加分量，这样才会起到强化的作用，从而增加激励效应的持久性。如上面的例子所说，如果你想达到第一次涨薪1000元相同的效果，第二次可能就要涨2000元，而第三次需要更多。或者你也可以采取其他的激励措施，比如第二次不涨工资，而是安排下属去参加培训，或者给他一个好的学习机会等，而第三次可以对其在职位上进行提升，这样的结果自然是花费可能相当，但由于手段不同，会取得更好的效果。

4.薪酬发放的方式有讲究

作为一名领导者，要想让下属保持工作的积极性，并保证激励的及时性，且提高激励的效果，就要在给他们发薪酬时，缩短支付的时间间隔，因为支付的时间间隔越短，与员工绩效的关系就越密切，对员工的激励作用就越明显。因此，领导者应该多对下属进行观察，当发现对方士气有所下降时，就及时给予一些奖励。

此外，领导者还要知道，大规模的奖励不如频繁的小规模奖励更为有效，而且只有减少常规定期奖励，增加不定期奖励，才会让员工有更多的惊喜，才能增加激励效果。

总之，领导者给予员工的奖励不能太多，也不能太少，太多了会使边际效用递减，太少了会起不到作用，正确的做法是要恰到好处。

保龄球效应：真诚地赞赏你的下属

“保龄球效应”来自于行为科学中的一个案例：

两名保龄球教练分别训练各自的队员。他们的队员都是一球打倒了7只瓶。

教练甲对自己的队员说：“很好！打倒了7只。”他的队员听了教练的赞扬很受鼓舞，心里想，下次一定再加把劲儿，把剩下的3只也打倒。

教练乙则对他的队员说：“怎么搞的！还有3只没打倒。”

队员听了教练的指责，心里很不服气，暗想，你咋就看不见我已经打倒的那7只。结果，教练甲训练的队员成绩不断上升，教练乙训练的队员成绩一次不如一次。

“保龄球效应”告诉企业的领导者：肯定和赞赏比批评与指责更有助于员工改正自己的过错。在当今许多企业中，领导者的管理水平有着很大的差异，有些领导者习惯于用指责来对待和处理员工在工作中出现的失误或过错。当员工在工作中出现失误或过错后，如果领导者只是一味地批评指责，就容易引起员工的逆反心理，甚至导致其“破罐破摔”。相反，如果此时领导者能够首先肯定员工积极的工作态度，然后再与员工一起找出产生失误或过错的原因，引导其总结经验教训，不仅会使员工心悦诚服，而且有助于员工坚定战胜困难的信心和决心。

有这样一个小故事：

一位家庭主妇给客人端上米饭，客人称赞说：“这米饭真香！”主妇兴奋地告诉客人：“是我做的。”客人吃了一口，又问：“怎么糊了？”主妇的脸色骤变，赶紧解释道：“是孩子他奶奶烧的火。”客人又吃了一口，说：“还有沙子！”主妇又答：“是孩子他姑淘的米。”

在上面这个故事中，人的劣根性充分暴露出来了。对于赞赏，那位家庭主妇是那么爽快地接受了；对于指责，她就千方百计地推脱。也许有的人会说这位家庭主妇特别喜好居功而又善于诿过于人，没有普遍意义。但这样说的人只要真诚地问一问自己，难道你就喜好受到指责而讨厌得到赞赏吗？其实，希望得到他人的肯定、赞赏，是每一个人的正常心理需要。而面对指责时，不自觉地为自己辩护，也是正常的心理防卫机制。

一个成功的领导者，会努力地去满足员工们的这种心理需求，对员工们和蔼可亲，鼓励员工们努力发挥自己的创造精神，真心地帮助他们解决困难。相反，那些专爱挑员工毛病，靠发威震慑他们的领导者，也许真的能够“震住”他的员工，但是一头暴怒的狮子领着一群绵羊，又能创造出什么样的事业呢？

获得他人的承认和肯定，是人性深处最本质的渴望。

查尔斯·史考伯，是美国钢铁大王安德鲁·卡耐基选拔的第一任总裁。他曾经说过这样的话：“我认为，我最大的资产，便是我有能够鼓舞员工的能力。再也没有比赞赏和鼓励更能使一个人发挥最大能力的方法了……而且我还认为，上司的批评是抹杀一个人雄心壮志的最好武器……我赞成鼓励别人工作。所以你们会发现，我最喜欢干的事情，就是称赞，而最讨厌的便是挑错。如果我喜欢什么的话，我就会真诚地去称赞和赞赏。”

这是史考伯的做法。可一般领导者是怎么做的呢？正好与他相反。他们如果不喜欢什么的话，就会一味地挑错；可他们如果喜欢的话，却又什么都不肯说。因此，他们的员工就会这样说：“当我第一次做得不对时，指责的声音马上就能传进我耳朵里；可当我第二次做对时，偏偏什么都听不到。”

史考伯还说：“我去过世界许多地方，并见过许多大人物，但我还没有发现任何人——无论他多么伟大，地位多么崇高——在被批评的情况下比在被赞许的情况下，工作成绩更突出，更卖力的。”

由此不难看出，史考伯的信条同安德鲁·卡耐基的简直一模一样。卡耐基也是一个善于赞美别人的人，他甚至在他的墓碑上也不忘称赞他的员工：“这里躺着的是一个知道怎样跟他那些比他更聪明的员工相处的人。”

“积极鼓励和消极鼓励（主要指制裁）之间具有不对称性”，这是心理学家经过大量研究证明的。而且心理学家还指出，受过制裁的人并不会减少做坏事的心思，顶多学会了如何逃避制裁罢了。

“干的工作越多，错误就越多”，这是下属们经常会说的一句话。其实，它的潜台词就是：为了避免出现更多错误，最好的办法就是“避免”工作。很明显，之所以会出现这种情况，都是批评、制裁等“消极鼓励”导致的。而“积极鼓励”则不然，它是一项开发宝藏的工作。它只会让受到积极鼓励的行为逐渐占去越来越多的时间和精力，并且下属身上的一个闪光点也会被放大成为耀眼的光辉，与此同时，下属身上的很多不良行为也会被“挤掉”。

对于一名领导者而言，要想学会发自肺腑地赞赏，那么首先就要学会发现下属身上的闪光点，尤其是下属在面对某种失败的情况下，更要善于找到积极的因素来进行鼓励。至于如何才能用好赞赏的技巧，关键在于要把你的注意力集中到“被球击倒的那7只瓶”上，别老盯着没击倒的那3只。作为一名领导者，一定要有这样一种认知：无论任何人，或多或少都会有优点、缺点，只有“诚于嘉许，宽于称道”，你才会看到神奇的效力。

三明治效应：运用批评也能激励下属

下属犯了错，作为领导者给予对方批评是不可避免的。但是批评也要讲究方式、方法。究竟采用什么方式才能起到良好的批评或教育效果呢？如何应对下属的错误，才不至于造成不良的影响呢？不妨来看看鼎鼎大名的玫琳凯是如何做的。

美国玫琳凯公司在成为国际知名化妆品公司之前，仅仅有9个人，而现在，该公司已经拥有20万名员工。该公司的创始人兼董事长玫琳凯女士更是被人们称为“美国企业界最成功的人士之一”。

玫琳凯公司之所以能取得今日的成就，与玫琳凯在工作中始终秉持的一个原则是分不开的。她秉持的原则就是：无论批评员工什么事情，必须在批评之前和之后找到一些对方值得表扬的地方，而绝不可以只批评不表扬。

有一次，公司新招聘了一名女大学生出任玫琳凯的女秘书。可工作一段时间后，这名女秘书令玫琳凯很头痛。原因就是这位女大学生打字时总是不注意标点符号。有一天，玫琳凯对她说："你今天穿了这样一套漂亮的衣服，更显示了你的美丽大方。"

很显然，玫琳凯突如其来的称赞让女秘书有些受宠若惊。玫琳凯接着说："特别是衣服上的这排纽扣，点缀得恰到好处。现在我要跟你说的是，文章中的标点符号，就如同衣服上的扣子一样，只有发挥它的作用，文章才会易懂并条理清楚。你知道吗？你很聪明，相信你以后一定会更加注意这方面的!"

从那以后，这位女秘书做事明显变得有条理了，也不再那么马虎，而且很快就改掉了打字时不注意标点符号的毛病。一个月后，她的工作有了很大的进步，玫琳凯适时地给予了她很不错的评价。

领导者作为组织的核心人物，为了实现组织目标，既要明确地表达自己的意见、建议、批评和不满，又要注意协调好与下属之间的关系，这就要求领导者必须具备良好的人际关系处理技能，在面对下属的错误时，首先要保持冷静，先用比较温和的态度肯定对方的努力和优点，然后再表达自己的想法，正如玫琳凯一样。

玫琳凯使用的这种批评的方式就是"三明治批评"。也就是厚厚的两层表扬，中间夹着一层薄薄的批评。即“表扬——批评——再表扬”，这种批评方式，效果较好，容易被批评者接受，不会对领导者产生反感。这是为什么呢？原因主要有以下三点：

1. “三明治批评”可以去除被批评者的防卫心理

作为一名领导者，在批评下属的时候，如果采取直接批评的方式，语气还很严厉，那么，对方自然而然地就会产生一种防御心理，而在这种情况下，哪怕你批评得再对，也是徒劳，因为在防御心理的作用下，下属已经很难再听进任何批评意见了。可如果你在批评下属之前，先说些亲切关怀或者赞美对方的话，那情况就不一样了。这样可以给双方制造一种友好的沟通氛围，让彼此平静下来进行对话。

由此可见，“三明治批评”在一开始的确能起到去除防御心理的作用，使被批评者乐于接受批评。

2. “三明治批评”可以避免下属产生后顾之忧

作为领导者，如果对下属总是接二连三地批评，那么批评结束后，下属自然地会产生后顾之忧，他们就会想，接下来是不是还会有处罚等着自己。而“三明治批评”中最后一层的“表扬”，则会让下属免去后顾之忧。它常常会让被批评的下属感受到来自领导者的鼓励、信任，会让他们不必担心会有接下来的处罚，这样一来，被批评者就会精神振作，充满信心地往前走，而不再陷于沮丧的泥潭之中。

3. “三明治批评”让受批评者有面子

批评的目的在于改善被批评者的行为，使其不再犯类似的错误，批评只是手段，不是目的。因此，如何批评就是一件非常有讲究的事情，“三明治批评”既指出了问题，也很容易让人接受，主要原因在于这种批评不会伤害下属的感情，不会损害下属的自尊心，能够激发下属向善的心，使下属始终保持工作积极性。

因此，领导者在批评下属的时候，要尽可能多地使用这种“三明治批评”方式，虽说批评的方式多种多样，但是“三明治批评”不仅容易被对方接受，而且会对下属起到一定的激励作用。当然，使用“三明治批评”并不是让领导者无原则地忍气吞声，回避矛盾与冲突，而是为了取得更好的效果。也就是说，领导者在和下属沟通的时候既不要不顾及对方的感受而随意打击对方，也不要逆来顺受地隐忍对方，而是要讲求沟通效果的“坦诚”。坦诚的沟通柔中带刚，既要保持平静的情绪，明确表达自己的观点，又要在平和中给员工以震撼，在友善中给员工以启示，在真诚中给员工以激励。

鲶鱼效应：创造健康的竞争环境

在一个企业里，如果人员长期固定，就会缺乏活力与新鲜感，员工容易产生惰性。当压力存在时，为了更好地生存、发展下去，那些比较弱的人就会比其他人更用功，更努力，而越用功，跑得就越快。适当的竞争环境就像催化剂，可以最大限度地激发员工的潜力。

西班牙人爱吃沙丁鱼，但沙丁鱼非常娇贵，极不适应离开大海后的环境。当渔民们把刚捕捞上来的沙丁鱼放进鱼槽运回码头后，用不了多久沙丁鱼就会死去。而死去的沙丁鱼味道不好、销量也差，倘若抵港时沙丁鱼还活着，鱼的卖价就要比死鱼高出若干倍。因此，为延长沙丁鱼的寿命，渔民们可谓绞尽脑汁、煞费苦心。果然，功夫不负有心人。后来渔民想出一个好方法，将几条沙丁鱼的天敌鲶鱼放在运输容器里。因为鲶鱼是食肉鱼，放进鱼槽后，鲶鱼便会四处游动寻找小鱼吃。为了躲避天敌的吞食，沙丁鱼自然加速游动，从而保持了旺盛的生命力。如此一来，沙丁鱼就会活蹦乱跳地回到渔港。

这在经济学上被称为“鲶鱼效应”。无论在一个什么样的企业里，时间久了，其内部的成员由于相互熟悉，就会缺乏活力与新鲜感，从而产生惰性。尤其是一些老员工，工作时间长了就容易厌倦、懈怠、倚老卖老，这个时候找一些外来的“鲶鱼”加入团队，制造一些紧张气氛是非常必要的。

而且，“鲶鱼”的引进，还可以使那些在能力上刚刚满足团队要求的队员感到巨大的压力，如果他们稍有不慎，就很可能被踢出团队。所以，为了自己的饭碗，他们会比其他人更加努力、更加用心地工作。

可见，对于企业的领导者而言，要想刺激团队战斗力的再次爆发，适当的时候为团队引入“鲶鱼”不失为一个绝佳的办法。

本田汽车公司的创始人本田宗一郎先生，有一次对欧美企业考察后发现了一种奇怪的情况。他发现，在欧美企业里，它们主要由三种类型的人员构成：不可缺少的干才、以公司为家的勤劳人才和拖企业后腿的蠢才。不可缺少的干才占总人员的20%，以公司为家的勤劳人才占60%，而拖企业后腿的蠢才也占20%。本田先生反观自己的公司，后两种人也许更多些。对于这个问题，本田进行了思考：如果淘汰自己公司中拖企业后腿的人，而增加前两种人，那工作效率能否提升呢？可后来他又觉得这样做，是很难行得通的。因为如果把第三种类型的人员全部淘汰的话，除了要受到工会方面的压力外，还会使企业蒙受损失。其实，这些人并不是完成不了工作，而是与公司的要求与发展相距远一些罢了。

没多久，本田先生受到“鲶鱼故事”的启发，随即决定进行人事方面的改革。他改革的第一个目标便是销售部。因为销售经理的思想特别守旧，已经严重影响了他的下属，除此之外，他的观念和公司的精神相距太远。出于为公司的发展考虑，也为了尽早打破销售部内部的沉闷气氛，本田决定要找一条“鲶鱼”来。

经过努力，本田找到了松和公司的销售部副经理、年仅35岁的武太郎。武太郎接管本田公司的销售部后，在极短的时间内便调动起了员工们的工作热情和增强了员工们的活力，而员工们也是被这位新经理丰富的市场营销经验和过人的学识所折服。与此同时，公司的销售业绩也是直线上升，甚至在欧美市场的知名度也有所提高。

本田先生非常满意武太郎这条“鲶鱼”，因为他不仅带动了整个销售团队的工作热情，就连其他部门经理人员都因为他的到来，极大地提高了工作热情和活力。

自从成功引进武太郎之后，本田公司每年都会从外部引进一些精干的、思维敏捷的、30岁左右的“鲶鱼”，有时候甚至聘请常务董事级的“大鲶鱼”。这样导致的结果便是：整个公司的“沙丁鱼”都有了极大的生存压力，并个个奋发努力，而本田公司的业绩也是蒸蒸日上。

本田充分利用“鲶鱼效应”进行管理，为企业的员工创造了一种充满忧患意识的竞争环境，使组织保持恒久的活力，实现“引进一个，带动一片”的人才效益。

可见，“鲶鱼效应”对激励员工起着非常重要的作用，但是在企业里利用“鲶鱼效应”是有一定条件的，如果运用不好，不但不会对员工起到激励作用，而且容易引起内讧，造成不良效果。例如，如果你所领导的部门已经有一个良好的“鲶鱼效应”，也就是说部门中已经有一个或几个生龙活虎，锐意进取的员工，可这时你却仍然固执己见地引进“鲶鱼”，那就可能导致“能人扎堆”的现象，甚至导致内部起哄，以至于人力资源管理效率低下；一旦你错误地将部门中的“鲶鱼”认成了“沙丁鱼”的话，就有可能导致这些优秀的“鲶鱼”流失。

所以，领导者在作出“引进鲶鱼”的决定前，一定要仔细分析自己部门或组织的情况，一定要“慎重、慎重、再慎重”。

互惠效应：尝到甜头才会更有干劲儿

在生活中，你是否有过这样的体会：

当你力所能及地帮助了一个人，也许这个小忙对你来说微不足道，但是却赢得了对方的好感，下次你要找对方帮忙的时候，他会毫不犹豫帮助你。

一个朋友心血来潮请你吃了一顿西餐，在以后的一段时间里，你总是琢磨什么时候回请对方一次，否则心里总感觉不安。

你的上司特别信任你，对你宠爱有加，你会干劲儿十足，认为只有努力工作才能回报上司对自己的信任。

你的下属总是处处和你作对，那么即使对方能力再强，你也会觉得对方不顺眼，并找机会开除他。

……

其实，这些情况用简单的一句话来说就是：你对别人怎么样，别人对你就怎么样。心理学上把它称之为“互惠效应”。即给予就会被给予，剥夺就会被剥夺；信任就会被信任，怀疑就会被怀疑；爱就会被爱，恨就会被恨。所以，作为领导者，如果你期待你的下属忠诚你、喜欢你、尊重你，并愿意为你努力工作，那么你首先必须给予对方相应的东西。

一天，一公司的两位部门经理在一起聊天，经理甲对经理乙抱怨：“我真羡慕你们部门，所有的员工都那么努力，从来不给你惹事，还年年评优秀。而我部门的那些员工真是让人头痛，各个喜欢迟到早退，批评他们时，他们还经常顶嘴。能偷懒就偷懒，能休息就休息，从来不让我省省心。”经理乙听后，笑着说：“呵呵，你有没有想过员工这样做的原因在于你呢？”经理甲不解地说：“我？他们不好好工作跟我有什么关系呢？”经理乙问：“那你平时是怎么对待你的下属呢？”此时经理甲开始回忆自己平时的管理方式。

原来，自从经理甲上任以后从来不懂得尊重和理解下属。下属偶尔一次的迟到，他不问青红皂白，就开始批评；下属一次很小的失误，他会将其无限放大，并当着别的同事的面斥责对方；而当下属为部门做出贡献时，他却认为这是理所应当的，总是轻描淡写地说一句：“嗯，干得不错，再接再厉。”正因为此，该部门的员工越干越没劲，对经理甲的批评似乎已经麻木了。不仅如此，大家时刻都做好离开公司的准备了。

想了想自己平时的管理方式，经理甲问经理乙说：“那你平时是如何管理下属的？”经理乙回答：“其实我也没有什么特别的管理方式，我只是认为下属和我们除了岗位不同外，没有什么区别，所以对他们比较尊重，从来没有当面批评过下属，而当对方作出贡献时，我会当着所有员工的面对其进行表扬，不仅如此，在平时我会时不时地关心一下他们的家庭情况，对于部门里的未婚员工，我也会尽量让他们参加一些相亲会……也许就是这些微不足道的给予才换来了他们对公司和我的一片忠心吧！”

听了经理乙的讲述，经理甲恍然大悟，终于明白了自己部门的问题主要出在自己身上。

其实人都有这样的心理，你对我怎么样，我就对你怎么样，你给了我好处我就给你回报，你若对我不好，我必定以牙还牙，员工亦是如此。因此，作为企业的领导者，一定要充分利用心理学上的“互惠效应”，让员工尝到一些甜头，从而产生一种对你的亏欠感，真心诚意地去工作来回报你。

当然，让员工尝到甜头，并不是说给他们每人一个“大蛋糕”，让他们一下子得到满足。这样做不仅公司吃不消，员工也会因此变得贪婪。尝到甜头主要是让你给他们你力所能及的一小块就可以了，这样既让他们有了工作动力，有了奋斗目标，也不会因此贪婪。何乐而不为呢？

具体来说，让员工尝到一些甜头就是要求领导者在平时的工作中真诚地对待员工、真心地尊重员工；当下属犯错误的时候，只要不是触犯原则性的错误，尽量不要当面批评或者严厉指责；而当下属为部门做出贡献时，即使是对方应该做的，也应该给予对方一定的鼓励或者物质上的奖励，让对方更有干劲，也让其他员工看到努力工作的好处。

领导和下属之间其实就像跷跷板，不可能总是领导在高处，下属在低处，只有一高一低，一上一下轮番互换才能保持平衡，一个永远把自己放在高处的领导，一个永远不愿意在下属面前“吃亏”的领导，可能短时间内会讨得一点好处，但是时间长了，就没有下属愿意陪他“玩”了，最终他只能是一个失败的领导者。

所以，在职场中，如果你想让下属为你做些事情，不妨你先为他做些事情，这样你再要求对方做事的时候也就比较容易了。

第5章

和谐进取，引领团队发展的心灵法则

一个企业内部的员工是否团结，是否具有凝聚力，将在很大程度上影响企业的未来和发展。如果一个领导者能够充分借助企业内部成员的力量，注重团队合作，那么就会在企业内部形成良好的工作氛围，大大提高企业员工的工作效率。而要实现这一点，就需要领导者学习一些引领团队发展的心灵法则。

安泰效应：团队的力量更值得信任

所谓安泰效应是指：一个人一旦脱离相应条件就会失去某种能力。“安泰效应”告诉我们：要学会依靠大家、依靠集体。

“安泰效应”源自古希腊的一则神话：

安泰是海神波塞冬与地神盖娅的儿子，他力大无穷，百战百胜，被人们称为“大力神”。但是这个大力神却有一个致命的弱点：他的力量来自于大地和母亲的滋养，一旦离开大地，失去母亲的滋养，他就会失去一切力量。他的这个弱点被他的对手知道了，于是他的对手想方设法让大力神离开大地，把他高高举起，在空中杀死了他。后来，人们把这种一旦脱离某种相应条件就会失去某种能力的现象称为“安泰效应”。

“安泰效应”告诉我们：人不能失去力量的源泉，不能失去赖以生存和发展的必要环境。而在企业里，员工力量的源泉主要是指企业这个组织，这个大集体。因此，作为企业领导者，应积极建设集体，使员工有一个必要的环境，通过教育和培训使员工明白：组织就像一块肥沃的土地，而自己就是土地里的一棵小草，离开了土地，就会枯萎。如果组织凝聚力不强，更不能给员工安全的依靠。因此，领导者一定要学会依靠大家、依靠集体，只有这样才能获得无穷的力量。否则，纵使你有再大的能耐，终也有失败的时候。

王冰在公司里已经工作两年了，和同事、领导的关系都很融洽，虽然他是一名主管，但是每次分配工作，他都会跟下属交代得很清楚，如果有分配不合理的地方，他会要求下属直接向他提出来，他也会及时处理和改善，不仅如此，王冰还不时地询问下属工作的进展情况，遇到问题就会把大家叫到一起讨论解决，在他的带领下，部门每次都会把工作完成得很好。

而公司的另外一位主管张帅，却跟他截然不同。张帅在给下属分配任务时，从来不考虑下属是否乐意接受这份工作，工作的过程中会遇到哪些困难，他只强调必须在规定时间内完成分配的工作，没有任何条件可以讲。他告诉下属们，严厉是为了锻炼他们。

结果，在提拔部门经理的竞选中，名校毕业的张帅居然落选，反而条件较弱的王冰赢得了大家的支持。

回头想想，我们会发现企业里像张帅这样的领导者比比皆是，他们从来不重视下属的意见，不重视团队的看法，一切以自我为中心，喜欢说“我就是王法”“一切都是我说了算”。这注定是要失败的。正如比尔·盖茨所说：“团队合作是企业成功的保证，不重视团队合作的企业是无法取得成功的。”

企业的领导者如果没有团队成员的支持，那么任何成绩都是软弱无力的，个人与团队成员之间的关系就好比鱼和水的关系。个人是鱼，团队是水，水失鱼犹为水；而鱼无水，不成鱼。那么当我们懂得了团队的力量更值得信任时，领导者如何才能得到团队成员的支持呢？

1.学会依靠团队

现代企业在强调个人素质的同时，更多的是强调团队精神。一个公司即使再大，如果没有很好的团队精神，就没有凝聚力，相当于一盘散沙。作为企业的领导者一定要明白这一点，一个人再完美，也只是一滴水，只有把自己融入团队这个大海里面，才能永远不会干涸。

2.学会互相合作，不要害怕付出

俗话说："众人拾柴火焰高"，领导者一定要相信众人的力量大，同样的一份工作，一个人可能需要三天来完成，而三个人只需要一天就可以全部做完。因此，一定要学会合作，而合作最主要的就是沟通和交流。让大家共同出谋划策，这样不仅能快速、准确地解决问题，完成任务，而且可以让你学到更多的思维方法。在下属需要帮助的时候，领导者主动伸出援手，设身处地地为下属着想，同样会为你获得更多的肯定和帮助。正所谓"我为人人"，才能够"人人为我"。

3.肯定下属的成绩，珍惜下属的劳动成果

王琦在一家公司做项目经理。一次，公司领导派他带领5名员工去外地做一个项目。经过半年的努力，王琦和5名员工终于克服了各种困难和突发事件，顺利完成了任务。王琦觉得自己作为领导者付出了比别人更多的努力，如果没有自己的英明指导和果断决策，大家很难完成这个项目。因此，年终总结报告上，王琦把所有的功劳都揽在了自己身上，而对和他一起奋斗的员工只简单地说了一句："大家辛苦了。"团队的成员对此感到很不满，他们觉得领导不尊重他们，后来都纷纷选择离开。渐渐地，没有人愿意支持王琦，他也再没有得到过赞赏。

如今，社会分工越来越细，没有什么项目是一个人可以完成的，所以领导者在做每一份工作时，都不要忘了和你一起付出努力的员工，时刻不要忘记肯定他们的劳动成果。要懂得珍惜身边每一个帮助过你、支持过你的下属、同事或者领导。有他们的存在才让你更有勇气去拼搏，更有实力去奋斗，更有梦想去实践。所以，领导者一定要肯定与你一起付出过辛劳的人。

搭便车效应：淘汰不劳而获的浑水摸鱼者

搭便车效应是指：在利益群体内，某个成员为了本利益集团的利益所付出的努力，集团内所有的人都有可能得益，但其成本则由这个人承担。也就是说，相对于这个人而言，利益群体里的其他人就是搭了他的便车，坐享其成。

对此，经济学里，专门提出了一个智猪博弈：

在一个猪圈里有两头猪，一只大猪，一只小猪。在猪圈的一边有个踏板，每踩一下踏板，在远离踏板的猪圈的另一边的投食口就会落下少量的食物。如果有一只猪去踩踏板，另一只猪就有机会抢先吃到另一边落下的食物。当小猪踩动踏板时，大猪会在小猪跑到食槽之前刚好吃光所有的食物；若是大猪踩动了踏板，则还有机会在小猪吃完落下的食物之前跑到食槽，争吃到另一半残羹。

那么遇到这种情况，两只猪会作何选择呢？显然，对于小猪而言，最好的方式就是选择“搭便车”，换句话说，就是舒舒服服躺在食槽边，等待大猪踩踏板。小猪如果选择踩踏板不仅白白付出了劳动，还会吃不上食物，所以，对它来说，不管大猪是否踩踏板，等待都是最好的选择；而对于大猪而言，它只能为了一点残羹不知疲倦地奔忙于踏板和食槽之间。虽然已明知小猪是不会去踩动踏板的，但是自己亲自去踩踏板总比不踩强，所以只能亲力亲为了。

这种“搭便车”现象，在很多企业里都存在。很多领导者在管理团队的时候，为了使团队的集体荣誉感有所增强，使团队更具有合作精神，他们会经常对团队所有成员统一对待。打个比方，为了提高公司的销售额，公司经理规定，如果公司销售总额提高10%，那么就奖励大家每人10元钱，而如果公司的销售总额降低了10%，就扣掉大家每人10元。这样的决策乍一看，可能觉得挺好的，如果公司每个成员都足够努力，都充满责任感，把公司当成自己的家，这无疑是一个完美的决策，这个决策会给公司带来不可估量的经济效益，促进公司长期发展。然而，不知你是否想过，如果公司里有这样一个人，他觉得自己完全可以不用努力工作。因为只要大家足够努力，他同样可以享受别人的劳动成果。那么，这个决策显然会泡汤。人的心理作用是很微妙的，一个团队里一旦存在这样一种人，那么就会有很多人去效仿，结果只能是大家共同造成销售额的下降。

很久很久以前，有一个国王为了显示自己的威信，他决定在自己生日那天让全部子民在同一时刻高呼：“陛下万岁”。他把时间定在了正午时刻。子民们也十分期待这一刻的到来，因为在那一刻，他们将会听到世界上最大的声音。而这时，有一位智者发现：如果自己也呼喊的话，听到别人声音的效果将大打折扣。于是他决定在呼喊的时候保持沉默，只是静静地听别人呼喊。他把这个发现告诉了自己最亲密的人，想让他也能享受到此种乐趣。结果，不到半天时间，这个消息传遍了整个国家。正午时刻到了，大家翘首盼望着最大声音的到来，但是回应的却是比平时更安静的沉默。

在这个故事中，所有的臣民就是一个团队。在这个团队里，要想创造世界上最大的声音，就需要他们共同努力。然而很多人却存在这样的想法：这么多人也不缺我一个啊，我不呼喊，只要其他人都呼喊，声音同样会很大。由于大家都怀有这样的想法，结果一片沉默。

在这种情况下，国王应该如何去做呢？首先他对这个沉默的结局肯定是不满意的，这时，他很可能处罚所有的国民，但是如果这样做，显然对那些呼喊了的人是非常不公平的。因为他们呼喊了，却要承担没有呼喊的人的错误，这样，他们下次呼喊时就会变得很消极；而对于没有呼喊的人，他们应该承担的惩罚被呼喊者分担了一部分，他们会因此存在侥幸心理，慢慢地养成了一种习惯。这样，国王再也听不到世界上最大的声音了。

所以，作为领导者，在企业里要及时解决团队中的“搭便车效应”，对于那些不劳而获的浑水摸鱼者，要学会及时踢出。这就要求领导者在团队管理过程中，尽量针对每个员工个体实施奖惩措施。另外，领导者要明白，一般情况下，企业之所以会出现“搭便车”现象，一个主要原因就在于员工的工作分配不明确，只要工作分配明确，员工知道自己的真正工作权利和范围，就可以或多或少地避免这种问题的出现。

破窗效应：小差错也要及时解决

所谓“破窗效应”就是说如果一个人把一幢建筑物的窗户

玻璃打坏了，而这扇窗户又得不到及时的维修，那么别人就可能受到某些示范性的纵容去打烂更多的窗户。久而久之，这些破窗户就给人造成一种无序的感觉，结果在这种公众麻木不仁的氛围中，犯罪就会滋生、猖獗。

“破窗效应”对加强团队的管理起着至关重要的启示作用。例如，当团队里的个别成员有一些“小奸小恶”行为时，领导者应该引起充分的重视，对成员的小差错及时进行解决，只有这样才能防止有人效仿，积重难返。

在美国，有一家公司，虽然规模不是很大，但是却很少解雇员工。一天，公司里有一位资深车工杰克在切割台上工作了一会儿，觉得切割刀前的防护挡板有些碍事，于是将其卸下放在一旁。没有了防护挡板，虽然埋下了安全隐患，但收取加工零件会更方便、快捷一些，所以，杰克在中午休息之前就完成三分之二的零件了。可是，不巧的是，杰克的举动被走进车间巡视的主管逮了个正着。主管雷霆大怒，命令他立即将防护挡板装上，并狠狠地批评了杰克，声称他一整天的工作白做。

第二天一上班，杰克就被通知去见老板。老板说：“身为老员工，你应该比任何人都明白安全对于公司意味着什么。你今天少完成了零件，少实现了利润，公司可以换个人换个时间把它们补起来，可你一旦发生事故、失去健康乃至生命，那是公司永远都补偿不起的……完全没有想到你的安全意识这么淡薄，你不适合在这个岗位上继续工作了。”

就这样，杰克离开了公司，走的那天，杰克流泪了，自己在公司工作了这么多年，有过风光，也有过不尽如人意的地方，但公司从没有人对他说不行。可这一次不同，因为杰克知道，这次他碰触的是公司的底线。

杰克虽然只是犯了一个小小的错误，为了提高工作效率而将防护挡板卸了。但是如果企业的领导者不对此加以重视，则很可能导致公司其他员工的效仿。一个小小的错误就很可能演变成员工伤残甚至失去生命的大事。

因此，在团队管理中，每一个领导者都应该高度警觉那些看起来是个别的、轻微的，但触犯了公司核心价值的“小的过错”，并坚持严格依法管理。“千里之堤，溃于蚁穴”，如果不及时修好第一扇被打碎玻璃的窗户，就可能会给企业带来无法弥补的损失。

好的引导会带来好的结果，而坏的暗示带来的必定是坏的结局。因此，作为企业领导者，一定要及时修补好那些“破窗”，做到防微杜渐。

1.从观念上防范“破窗效应”

在企业管理活动中，要想防范“破窗效应”，作为领导者，首先要让员工在观念上引起高度重视。领导者应严格遵守企业的核心理念和基本原则，树立强烈的危机意识，对于那些触犯企业核心理念和基本原则的员工绝不姑息、纵容，要对他们进行严肃处理。要知道“千里之堤，溃于蚁穴”，观念上一个小小的错误，因为影响是根本性的，很可能造成行为上的严重后果。

2.从管理制度方面防范“破窗效应”

领导者在制定企业的管理规章制度和员工行为规范时，要尽量做到严谨、合理、可操作性强，时刻注意查漏补漏，防止员工有隙可乘。在执行奖罚制度时，一定要坚持原则，一视同仁，不对任何人开小灶，确保规章制度的权威性和约束力。不仅如此，领导者还应注意潜规则对规则制度的破坏。如今，在中国潜规则的泛滥导致很多企业出现腐败现象，所以领导者要特别注意和防范。

3.在企业文明建设上，防范“破窗效应”

如今，礼仪被越来越多的公司所重视，如果一个企业能力很强，但是员工不注重文明礼仪，在和竞争对手或者合作伙伴洽谈时，穿着不整洁，随地吐痰、乱扔垃圾，则会直接影响这个企业在对方心目中的形象，从而影响企业的业绩。因此，领导者一定要在这一方面加强对员工的管理，注意消除可能诱发人们对企业产生不良印象的“破窗”，以树立和维持企业在公众中的良好形象。试想一下，如果你的员工穿着统一的服装，统一面带微笑，说着统一的话，那么即使公司实力不是很强，也会给别人留下一个好印象，愿意和你合作。

帕金森定律：人多不一定效率就高

1958年，著名历史学家、政治学家帕金森在他的《帕金森定律》一书中阐述了这样一个问题：机构人员膨胀的原因以及后果。他指出，对于一个不称职的人员来说，一般有三条路可走。第一条就是辞职，把位子让给比他能干的人；第二条就是找一个比自己有能力的人帮助自己；第三条就是找两个水平不如自己的人当助手。

相信没有人会选择第一条，因为这样选择无疑会让自己丧失很多权力；第二条路也不能走，因为一旦找个比自己优秀的人帮助自己，这个人就很可能成为自己的对手；看来只有第三条路最合适。于是他选择了两个才能平庸的助手帮他分担工作，而自己则可以发号施令。两个助手因为无能，再给自己找两个无能的助手。如此下去，就形成了一个机构臃肿、人浮于事、相互扯皮、效率低下的领导体系。

对此，帕金森专门举例说明：

当官的A先生感到工作很累很忙时，一定要找比他级别和能力都低的C先生和D先生来当他的助手，把自己的工作分成两份分别给C和D，而自己掌握全面。C和D不能和自己竞争，还要互相制约。当C工作也累也忙时，A就要考虑给C也配两名助手；为了平衡，当然也要给D配两名助手，于是一个人的工作就变成七个人干，A的地位也随之抬高。当然，在这种情况下，七个人会给彼此制造许多工作，比如，一份文件需要七个人共同起草圈阅，每个人的意见都要考虑、平衡，绝不能敷衍塞责，下属们产生了矛盾，他要想方设法解决；升级调任、会议出差、恋爱插足、工资住房、培养接班人，哪一项都需要认真研究，工作越来越忙，甚至七个人也不够了。

这部分阐述是《帕金森定律》一书中的精华，也是帕金森定律的主要内容。它深刻地揭示了在行政管理中，行政机构会像金字塔一样不断增多，行政人员会不断膨胀，每个人都很忙，但组织效率却越来越低。如今，在很多企业中都能看到这样的“帕金森现象”。

具有这种领导体系的单位，多数都是当一天和尚敲一天钟的无激情团队，虽然成员很多，但是效率极其低。在固有的管理体制下，这种团队是难有作为的。

三株集团在1994年刚成立的时候注册资金仅为30万元，但当年的销售业绩却高达1.25亿元。1995年，它的销售额猛增至23亿元。到了1997年年底，它的销售额更是达到了惊人的80亿元，净资产则有48亿元之巨，在短短的4年间增长了16000倍。更难能可贵的是，三株公司的负债率为零。它的速度与辉煌是包括保健品行业在内的所有企业都望尘莫及的，三株成了当代中国的“企业神话”。

但“其兴也勃焉，其亡也忽焉”，三株公司这个企业巨人却因为一场小小的官司而轰然倒地，一蹶不振，其实这只是表面原因。真正导致三株公司突然“死亡”的原因就是三株集团存在的“帕金森定律”。三株集团创立之初，不过几十个人，但到了1997年，人员猛增至15万人，在全国县级以上的城市都建立了销售队伍。在这种情况下，公司人浮于事，管理混乱，秩序散漫，整个公司中，没有一支阵容整齐的梯队，似乎没人知道是谁负责，滥竽充数者大量存在。

据三株公司审计部门统计，在1995年投入的3亿元广告费中，有1亿元被无端浪费了，但谁也不关心此事，自然也谈不上有人对此负责了。在不少基层机构中，宣传品的投放到位率不足20%，甚至一些执行经理把宣传品当成废纸卖掉，不仅如此，三株公司内部机构臃肿、部门林立，官僚主义风气十分盛行，等级森严，程序繁杂，经常出现总部指令被歪曲甚至石沉大海的现象。尽管三株总裁吴柄新采取了“三查三反”“一打五反”等自上而下的大规模“整风运动”，但这并未触及问题的根本，公司内部离心离德，没人想过要对公司负责，几大体系、中心之间画地为牢，互为壁垒，各自扩充人员、争权夺利，形成了一个个割据的小“诸侯”。

试想一下，这样的企业和团队怎能拥有强大的执行力和竞争力？其实，很多企业都和三株一样存在着“帕金森现象”。作为企业的领导者，要想消除这种现象，就要剔除庸才，任用贤能，邪去正安。通过严格的招聘机制对适合企业的人员予以控制，多为企业招聘优秀的人才；及时更换不合适的员工，对于那些不考虑企业现状与未来发展而只关心自己职位的公司管理者，更要及时清退；大胆起用有才干但是没有机会发挥的年轻人，选用富有创造力且努力工作的人来做主管。只有这样，才能彻底剔除“帕金森定律”对企业的消极影响，才能激发员工的工作热情，才能让团队更加健康地成长。

多米诺骨牌效应：每一个环节都不能忽视

在一个相互联系的系统中，一个很小的初始能量就可能产生连锁反应，人们就把它们称为“多米诺骨牌效应”。

“多米诺骨牌效应”提醒人们：在处理问题时，哪怕一个很小的环节或者问题，也要小心对待，不可忽视，以免一着不慎，而满盘皆输。

为何会出现一着不慎，满盘皆输的局面呢？原因就在于，多米诺骨牌对能量具有惊人的放大作用，即使刚开始只是小小的、微不足道的力量，但是由于骨牌竖着时，重心较高，倒下时重心下降，在倒下的过程中，将其重力势能转化为动能，它倒在第二张牌上，这个动能就转移到第二张牌上，第二张牌将第一张牌转移来的动能和自己在倒下过程中由本身具有的重力势能转化来的动能之和，再传到第三张牌上……以此类推，所以每张牌倒下的时候，具有的动能都比前一张牌大，速度一个比一个快，最后产生巨大的力量。

对此，不列颠哥伦比亚大学物理学家A.怀特海德做过一组实验：

A.怀特海德制用了一组骨牌，共13张，第一张最小，长9.53毫米，宽4.76毫米，厚1.19毫米，还不如小手指甲大。以后每张体积扩大1.5倍，这个数据是按照一张骨牌倒下时能推倒一张1.5倍体积的骨牌而选定的。最大的第13张，长61毫米，宽30.5毫米，厚7.6毫米，牌面大小接近扑克牌，厚度相当于扑克牌的20倍。把这套骨牌按适当间距排好，轻轻推倒第一张，必然会波及到第13张，第13张骨牌倒下时释放的能量比第一张牌倒下时整整要扩大20多亿倍。因为多米诺骨牌效应的能量是按指数形式增长的。若推倒第一张骨牌要用0.024微焦，倒下的第13张骨牌释放的能量达到51焦。可见，多米诺骨牌效应产生的能量的确令人瞠目。不过A.怀特海德毕竟没有制作第32张骨牌，因为它将高达415米，2倍于纽约帝国大厦。如果真有人制作了这样的一套骨牌，那摩天大厦就会在一指之力下被轰然推倒！

很微小的力量能够直接引起的或许只是察觉不到的微变，但是之后引发的却可能是翻天覆地的变化，即“牵一发而动全身”，因此，领导者在引领团队发展中绝不能漠视每一个细小的环节，因为它往往是整体崩溃的开始。

北京某公司的会计主管因跟公司老总发生了争吵，毅然辞职。公司决定由他的下属来顶替这个空缺，而这样就空出了一个会计职位，于是北京驻外会计调回总部补充这个空缺，北京驻外出纳晋升为北京驻外会计，重庆驻外出纳调到北京，山西驻外出纳调到重庆，总公司招聘了一名出纳调到山西。

其实乍一看，觉得没什么，只是简单的调动岗位，而且每一个调动都合乎情理，合乎企业的制度。但是如果你把这些联系起来去观察，就会发现其实出现了“多米诺骨牌效应”。我们不可否认岗位调动有一定的好处，但是仔细分析，你会发现，它的缺点更多。首先，岗位调动过程中会出现差旅费大幅度增加的问题；其次，工作交接过程中会或多或少出现一些纰漏；再次，每个人换到新的岗位之后，都要有一个适应过程，在这个过程中工作绩效往往是下降的；最后，涉及工资变动、地区补差等有关人事调整的工作量会明显增加。

由此可见，在团队管理中，“多米诺骨牌效应”起着非常重要的作用。作为领导者一定要对此引起足够的重视，关注管理工作中的每一个细节。美国质量管理专家菲利普·克劳斯比曾说过：“一个由数以万计的个人行动所构成的公司经不起其中1%或2%的行动偏离轨道。”许多企业的失败往往都是因为没有注意某个小的细节而造成的，1%的失误往往会造成100%的失败。

企业领导者经常面对的都是看似琐碎、简单的事情，其实却最容易忽略、最容易错漏百出。无论企业也好，个人也罢，也无论有怎样辉煌的目标，但如果在某一个环节的连接上，或者细节的处理上没有做到位，都有可能导致满盘皆输。我们能从最小的行动预见最后的结果。因此，领导者对管理工作的每一个细节都应给予同样的密切关注，为了不忽略细节，可以制订一个详细的工作流程，使每件事情都直接或者间接地经过领导者的审查。对于下属的小错误也最好不要等到发生大错误后再去纠正，而应该在出现端倪时就指出来。

酒与污水定律：不要因一人坏所有人的事

酒与污水定律是指，如果在一桶污水里倒进一匙酒，你得到的是一桶污水；而如果在一桶酒里倒进一匙污水，你同样得到的是一桶污水。显而易见，在这个桶里，物质的品质跟污水和酒的比例没有关系，真正起决定作用的是那一匙污水，只要它存在，酒再多也成了污水。其实，这个定律和我们中国的谚语“一粒老鼠屎坏了一锅粥”说的是同一个道理。

几乎在任何组织里，都或多或少地存在几个令人头痛的人物，他们在企业里到处搬弄是非、散播流言，想方设法地破坏组织内部的和谐。他们就像苹果箱子里的一个烂苹果，如果你不及时处理，它会迅速传染，使整个箱子里的苹果都腐烂。“烂苹果”的可怕之处在于它那惊人的破坏力。一个正直、有才华的人进入一个混乱的部门很可能被带坏，而一个无德无才的人进入一个高效的部门，会很快使这个部门变成一盘散沙。

酒与污水定律告诉领导者，应该果断处理组织里的破坏者，任何组织在任何时间里都可能存在一些不称职的员工，这些员工也许人数不多，但是如果不及时对其制止或者教育，令其逍遥自在，那么这些人轻者会导致组织资源浪费，重者将挫伤组织士气，动摇组织本身。

春秋时期，有一次孙武去见吴王阖闾，与他谈论带兵打仗之事。吴王见孙武说得头头是道，心想不知道他是纸上谈兵还是真有其才。于是吴王要求孙武替他训练宫女。孙武答应了，并挑选了一百个宫女，让吴王的两个宠姬担任队长，有板有眼地操练了起来。

在操练之前，孙武先将列队训练的要领向宫女们清清楚楚地讲了一遍，但正式喊口令时，这些女人却都笑成了一团，乱作一堆，谁也不听他的口令。面对此景，孙武再次讲解了要领，并要求两个队长以身作则。但他一喊口令，宫女们还是满不在乎，尤其是两个当队长的宠姬更是笑弯了腰。这个时候，孙武严厉地说道："这里是演武场，不是王宫。你们现在是军人，不是宫女。我的口令就是军令，不是玩笑。你们不按口令训练，就是公然违反军法，理当斩首！"说完，便叫武士将两个宠姬杀了。

场上顿时肃静，宫女们都吓得不敢出声，当孙武再喊口令时，她们步调整齐，动作划一，成了真正训练有素的军人。孙武派人请吴王来检阅，吴王正为失去两个宠姬而惋惜，再没有心思来看宫女训练，只是派人告诉孙武：“先生的带兵之道我已领教，由你指挥的军队一定纪律严明，能打胜仗。”

由一群人集合的组织，组织的整体效率取决于内部所有成员的行为。如果其中一个组员像那两个宠姬一样总是把事情弄糟，或者有意破坏组织的内部和谐，那么这个成员就是组织里的一匙污水。他们成事不足败事有余，有着惊人的破坏力，如果领导者不及时把他们剔除，他们会很快使集体分化，让成员相互猜忌，一个组织会因此变得不团结、效率低下，甚至解散。

污水终究不能成为酒，臭肉始终难以成为好肉。既然如此，就要及时处置那些即将或者已经变质的物品，对极坏的东西不要抱任何幻想，也绝对不能姑息迁就。当然作为组织的领导者要注意的是罪恶可以打击，罪人可以宽恕，当发现团队里有“害群之马”时，我们应该以坚决的态度制止某人的恶劣行为，而非针对的是某个人。人与事都是紧密相连的，我们制止了他的行为，然后再对他进行灵魂改造，当然，如果这个人屡教不改，我们就应该考虑及时剔除他。

在企业中，“污水”在所难免，而污水又总会给企业带来或多或少的矛盾与冲突，因此，领导者一定要掌握酒与污水的冲突与协调的方法。在一个组织里，酒与污水还存在着相互博弈的过程。一个精明的领导者会在组织中发现人才、善用人才，从而在人才大战中获得先机；会有效运用酒和污水定律，使组织成为一个高效团队。在现代企业管理中，领导者的一项带有根本性的任务，就是对团体中的人才加以指引和筛选，剔除具有破坏力的“污水”，使合格者的力量指向同一目标。

雁阵效应：团队相互协作才能飞得更远

众所周知，一群大雁在天空中飞行，一般都会排成“一”字形或者“人”字形，它们中领头的大雁会一直改变，而且雁群也会定时交换左右位置。生物学家对此专门作了研究，并得出了结论，即大雁之所以会摆出这样的队形，是因为它们这样飞行不仅速度加快，而且比较省力。因为在飞行中，后面一只大雁的羽翼能够借助前面大雁羽翼产生的空气动力，从而节省力量，而一段时间后，它们交换左右位置，这样会让另一侧的羽翼也能借助空气动力减缓疲劳。管理专家们将这种有趣的雁群飞翔阵势原理运用于管理学的研究，形象地称为“雁阵效应”。

“雁阵效应”带给人们这样的启示：一只大雁，就算它飞得再高，翅膀再有力，若它形单影只地飞行，可能飞不到目的地。要达到目的地，就必须借助团队之间相互协作，才使得候鸟凌空翱翔，完成长途迁徙。不仅雁阵如此，在企业中，领导者的管理工作也是如此。领导者只有和团队成员顽强拼搏、团结合作才能带领企业走得更远、更好。正如人们常说的，没有完美的个人，却有完美的团队。

很多国际知名的企业，均以团队精神著称于世，日本松下电器公司就是一个典型的代表。

日本松下电器有一年曾面临大面积的亏损，当时的松下幸之助总裁正卧病在床。公司的各级领导对于眼前的困境一筹莫展，最后决定“生产减半，工人减半”，以此来缓解当时的困境。有人将公司的这一决定报告给了松下幸之助，他看到这种情况，又看到下属递上来的决定书，亲自批复：“生产从即日起减半，但是工人一个都不能解雇，公司实行半日工作制。”员工们深受感动，更加地卖力工作，义务加班加点，拼命地生产和推销产品。短短的几个月内，松下电器公司的库存积压产品销售一空，松下公司因此从逆境中走了出来。

松下电器最后能从逆境中走出来靠的就是团队合作、团队精神。由于松下幸之助的一个批复，员工对于企业有了强烈的归属感，因此团体的凝聚力空前增大。

对领导者来说，懂得协作、愿意协作的团队是管理成功的体现。无论多么重大英明的决策、变革，如果失去了团队的支持和理解，那就很容易走向失败。

“雁阵效应”不仅说明了团队合作的重要性，也说明了有效团队机制的形成方式和表现，就是让每个团队成员认同并且积极有序地参与到团队行动中来。

（1）在雁群飞行过程中，大雁不断地交换位置，这就决定了整个雁群中没有个体被边缘化，说明每个成员都必须公平地承担压力。那么，一个成功的团队又何尝不是这样呢？一个团队的机制是否完善，关键就是看领导者是否对团队成员的职责作出了明确合理的划分，这就要求领导者让每个成员在团队里都有“身份”，不论是谁，都能够在团队中找到自己的位置，并能够在合适的岗位上最大限度地发挥自己的作用。

（2）在这个过程中，领导者应该认清自己的作用和地位，既要在适当的时候在前面当领头雁，又要把握时机回到雁阵内部。正如领头雁对于雁群的重要性一样，要使团队保持稳定，领导者必须有楷模意识。但是，作为领导者，也不能只关注给团队制订目标、指引方向这些问题，还应该适时回到飞行的雁阵内部，协调各成员的具体工作，使其可以顺利衔接起来，得到有机整合；协调各成员间的人际关系，从而促进合作的积极性，使得整个团队可以更紧密协作。

（3）雁群成功的关键，在于每只大雁在飞行中拍动翅膀，为跟随其后的同伴创造有利的上升气流。因此，领导者需要不断激励员工，建立赏罚分明的团队机制，综合运用物质激励和精神激励，保证团队目标和个人成员的目标相一致，以发挥团队目标对成员的吸引力，让他们自觉自愿融入团队，为团队其他成员提供帮助。

善于应用“雁阵效应”的团队最终会像一群南飞的大雁，无论怎样调整方向，都能够自如地调整速度，始终使前行的步伐协调、高效、充满活力，最终到达目的地。同样，作为企业的领导者，也要充分利用“雁阵效应”，组织和带领团队不断前进，充分利用团队的力量来推动企业不断前进，不断发展，坚持把企业做大、做强。

金鱼缸效应：管理需要相当的透明度

金鱼缸是用玻璃做的，有很高的透明度，无论你从哪个角度去看里面的情形，都会非常清楚。“金鱼缸效应”其实就是一种比喻，用来形容透明度很高的管理模式。

如果把“金鱼缸效应”用到企业管理中，就是要求企业领导者不管是制定公司的规章制度，还是执行工作都要有很高的透明度。因为领导者的一言一行都会有员工在监督，从而有效防止领导者滥用权力，增强领导者的自我约束机制。其实，增加管理透明度还有一个好处，那就是，一旦你的行为在员工的监督之下，那么员工在履行监督义务的同时，自身的主人翁意识和责任感就会得到提高，工作起来自然更加努力、更加敬业。

“金鱼缸效应”最早是由日本最佳电器株式会社社长北

田光男先生提出来的。他强调把增强透明度的重点放在各级经营管理者的经济收入上，要求企业各级领导者的经济收入和费用报销要如实地向企业利益相关者公开，接受企业利益相关者的批评建议，并根据员工们的意见，对经营管理进行改进，而这一措施起到了显著的效果。20世纪80年代以来，日本经济衰退，大部分企业的经营都不景气，或倒闭或被合并。然而，最佳电器株式会社却在北田光男的透明管理下成为一个幸运儿。“金鱼缸效应”不仅让企业在经济风暴中屹立不倒，而且年终结算时，利润竟然出现大幅度增长，每股资本的红利高达6成，这即使在经济繁荣时期也是很不可思议的事情。对此，东京各大报纸纷纷报道了该消息，北田光男也因此被誉为“经营怪杰”。

如今，很多企业在判断一个领导者是否优秀时，主要看他能否建立起经济、道德和社会方面可续性发展的组织。而作为领导者，如何才能做到这一点呢？无论他们采取的是何种战略战术，一个聪明的领导者一定会认识到，关键的一步就是提高管理工作的透明度。可以说，透明化合乎理性和道德，而且有助于提高企业运转的效率。但是即使如此，很多企业领导者仍然不愿意实行透明化管理，他们认为应该设法封锁和掌控信息，因为这是权力的来源。殊不知，由于管理存在灰色空间，导致同事之间，上下级之间互相不了解，很难发挥团队精神，也很难做好工作。

史塔克在接管“春田重整公司”（SRC）时，SRC刚从母公司“国际丰收公司”脱离出来，整个公司的经营状况非常糟糕。面对这种情况，史塔克认为，只有一种方法可以使公司维持正常经营，那就是增加公司管理工作的透明度，以真相为基础。他决定对所有的员工开诚布公，让他们真真切切地了解公司整体的经营情况。为此，他亲自教员工看懂、了解公司的财务报表，定期向他们公布公司的账册与各项财务资料，从而让全公司的员工都知道公司目前的经营状况以及未来的发展目标，经过他的努力，公司的经营很快得到好转。史塔克被业界称为施行“开诚布公管理法”的先驱之一，他因道德表现杰出，堪为众人表率，而获得“企业信用奖”。

管理拥有一定的透明度无疑是一件好事，但是要做到这一点不是一朝一夕的，它对于企业而言，是一项长期的、任重而道远的工作。一个鱼缸透明的前提是它采用的材料非常透明，而且拥有清澈、透明的水质。所以，企业的领导者要想提高管理工作的透明度，就要不断提升自身的综合素质和职业道德，为管理工作的公开透明提供“透明的鱼缸和清澈的水质”，而管理工作的公平、公正正是透明的鱼缸和清澈的水质。

因此，作为领导者，在管理工作中，要始终贯彻和执行“公平、公正、公开”的原则。当你做到了公平和公正，就不会害怕公开，而管理的公开、透明又对企业管理本身具有很大的推进作用，从而促进企业持续、快速、良性的发展。

具体来讲，领导者应该做到以下几点：

1.实话实说

很多人都有这样一种习惯，即专挑别人爱听的话说。而在企业管理中，一个明智的领导者则会对每个人都讲同样的话，不加任何修饰。

2.鼓励对方说真话

让下属对自己讲出令人不快的真相，一般都比较困难，而这些真相往往都是领导者非常需要了解的，因为基层员工常常掌握领导不知道的负面消息，所以一名明智的领导者应时常鼓励下属，让他们对自己直言不讳，即使他们跟自己唱反调，也不要去打击他，而应该感谢他。

3.实现信息渠道的多元化

每个人都有自己的观点。因此，领导者一定要定期与不同的员工、客户和竞争对手群体进行沟通，这样才能从多个角度了解情况。

4.开放信息

当信息可能具有战略性或私密性时，大多数组织的默认做法就是保密。但实际上，组织应该实现信息共享——除非有明确的理由证明这样做不妥。

第6章

果敢决断，管理中应用好决策心理学

作为企业的一名领导，决策是管理工作中必不可少的一部分，甚至可以说，领导者每天面临的工作实际上就是不断地作出决策。当企业或者员工出现问题时，领导者要对其进行分析研究，然后找出解决的方法。而决策的过程实质上就是对各种解决方法的提出和选择。在这个过程中，领导者会受到很多因素的影响，这就需要领导者依靠自己的经验、思维以及一些决策心理学知识等对它们进行筛选和运用。

沉没成本：不要因为不愿放弃而满盘皆输

沉没成本是指由于过去已经发生了的决策，而不能由现在或将来的任何决策改变的成本。人们在决定是否去做一件事情的时候，不仅看这件事对自己有没有好处，而且也看过去是否已经在这件事情上有过投入。我们把这些已经发生不可收回的支出，如时间、金钱、精力等称为“沉没成本”。在经济学和商业决策制定过程中会用到“沉没成本”的概念，代指已经付出且不可收回的成本。

作为一名企业领导者，在进行企业决策的时候，经常会考虑到“沉没成本”，换句话说，就是领导者在决定是否去做一件事情的时候，不仅要看这件事情将来会给企业带来什么样的好处，而且也要看过去是不是在这件事情上有过投入，如果这些投入已经无法挽回了，已经是“沉没成本”，那么一个理性的决策者就应该更多地考虑将来要发生的成本和收益。然而在现实中，很多领导者在管理、决策的过程中，经常遇到一些骑虎难下的投资项目，令投资决策者左右为难。

摩托罗拉公司的铱星项目就是“沉没成本谬误”的一个典型例子。摩托罗拉公司为了这个铱星项目投入了大量的资金和时间，可是由于手机更新换代之迅速，他们发现这个项目远没有当初想象的那样乐观。在这种情况下，本应完全舍弃这个“沉没成本”的，但公司的决策者却认为在这个项目上已经投入了那么多，绝不能半途而废，所以苦苦支撑着，后来事实证明这个项目是错误的，是没有前途的，最后，摩托罗拉公司忍痛接受了这个事实，彻底结束了铱星项目，为此损失了大量的人力、财力和物力。

摩托罗拉公司的领导者们之所以会陷入“沉没成本”的误区中难以自拔，一个很重要的原因就是他们不愿意放弃自己付出的成本和辛苦，不愿承认自己的错误。他们认为既然已经投资了，最差也应该做到“保本”，而这也是在企业经营中很多管理者都遵循的最基本的经营方针。“起码要保本”看起来天经地义，无可厚非，殊不知，这种观念是错误的，其本身就包含了“沉没成本谬误”。就像许多零售商一样，他们总是喜欢以他们的批发价来决定零售价的底线，不愿意以低于成本的价格出售商品，不愿意承担亏损，这样的经营理念是错误的。

小王是一名电脑销售商，在一年前，小王的生意比较好，所以就多进了一些电脑，一下子进了200台单价为8000元/台的奔腾电脑，可是当年并没有卖完，还剩100台，到了第二年，这些电脑已经过时了，而在这种情况下，某学校愿意以4000元/台的价格买下，他会卖吗?

可能很多零售商都不愿意卖，因为那就意味着他将每台亏损4000元。但如果是一个理性决策者，则不会考虑这8000元的原价，因为他知道这已经成为过去式的“沉没成本”，和现在的决策毫无关系。应当着重考虑的是将来能否以高于4000元的价格卖出自己的电脑，盘活这笔资金，能为企业带来什么样的效益？经比较后，卖出这批电脑的方案更好，就应立即作出决策。

事实上，人们在作决策时往往都是非理性的。因为花了钱，所以谁也不希望去做自己不愿意做的事情，而这恰恰是我们在消费中经常犯的错误。我们总认为只有真正消费了才能对得起自己的钱，因此当以前的投入已经错误时，接着错下去就是很不理性的行为了。

其实，在企业里也经常出现这种“追加错误投资”的事例，很多企业领导者明明知道一个项目的前景黯淡，但仍然苦苦维持，原因仅仅是他认为在这个项目上已经投入了大量的资金和精力。如今，市场及技术发展瞬息万变，领导者投资决策出现失误在所难免。对此，企业应建立一套完善的投资决策体系，尽量避免因为决策失误而出现“沉没成本”。而作为企业的领导者，则应该从技术、财务、市场前景和产业发展方向等方面对项目作出准确判断。在投资已经出现失误的情况下，如何避免将错就错对企业来说才是真正的考验。

所以，企业领导者在决策时应该备有纠错或应急方案，如果发现是一项错误的投资决策，就应该立刻悬崖勒马，切不可因为顾及“沉没成本”而错上加错。

沉锚效应：决断需要全面到位的分析

所谓“沉锚效应”，是指人们在对某人某事作出判断时，易受第一印象或第一信息的支配，就像沉入海底的锚一样把人们的思想固定在某处，也就是我们常说的“先入为主”。

在台北有两家卖粥的小店，一个在路南，一个在路北，每天两家店的顾客数量和粥店的服务质量都差不多，但是每当结算的时候，却发现路南的那家总比路北的销售额要高一些。天天如此，让人感觉很纳闷。

究其原因发现，奥妙就在于两家粥店的服务生在服务顾客时说的话有所不同。每当客人去路北那家店里喝粥时，服务生都会问：“您加不加鸡蛋？”如果客人说“加”，那么服务生就会给客人加一个鸡蛋，如果说“不加”，自然就不再多问了，而客人有说加的，有说不加的，几乎各占一半。

而当客人走进路南的那个粥店，服务生同样先盛上一碗粥，然后问：“您是加一个鸡蛋还是两个鸡蛋？”这个时候客人一般都会顺着服务生的话回答“一个”或者“两个”，而每个客人的回答几乎都只有这两种，很少有人说不加的。

正因为此，每天路南的粥店要比路北粥店多卖很多鸡蛋，销售额自然也会高出很多。

路南的粥店生意好的一个主要原因就是店里的服务生运用了“沉锚效应”，把顾客的思维锁定在了“加一个还是两个”

这个框架里。

“沉锚效应”在企业领导者作决策的时候也会经常遇到，比如，在一个企业里，某领导者准备采购一台新设备，在决定采购之前，他一般会遇到这样的情况：他首先想公司的现状是否需要采购新设备；另外，还会考虑客户对产品的实际需求量是多少；与此同时，还会有一些朋友或者同事根据自己的经验建议他不要采购新设备。这个时候，领导者应该如何决策呢？很多人就会把自己圈定在这三个决策之中，要求自己必须作出一个决策，其实这样是不正确的，因为这些信息很可能成为沉锚，诱使你寻找那些支持自己意见的证据，逃避跟自己意见相左的信息，从而掉进沉锚陷阱。而一个明智的领导者在遇到这种情况时，会选择不急于作出决定，等对所有问题进行客观、正确的分析之后，再作出决定。

美国新泽西州和宾夕法尼亚州是两个相邻的州，为了减少车辆保险费用和诉讼费，两个州以“如果驾车者放弃对某些交通事件的起诉权，他们可以少缴一些车辆保险费”为依据，对法律条文进行了修改。新泽西州的新条文规定：你自动放弃某些交通事件的起诉权，除非你另外声明；而宾夕法尼亚州新条文规定：你拥有所有交通事件的起诉权，除非你另外声明。

其实两个州的声明内容相同，出发点相同，只是因为表述不同，结果在新泽西州80%的人选择了有限起诉权，而宾夕法尼亚州却有75%的人做出了相反的选择。

只是因为在措辞上下了一点工夫，新泽西州就省下了2亿美元的车辆保险费和诉讼费。由此可见，沉锚陷阱对人的行为影响有多大。

因此，作为企业的领导者，在作决策之前，切不可机械地接收问题，无论问题是谁提出来的，都应该尽量客观、辩证地去分析它，要知道你很容易受到问题形式的影响。所以，领导者要对问题不断提出疑问，尤其是在最后，更要尝试改变问法。

在决策过程中领导者也不能仅仅根据过去来推测未来，因为过去发生的一些重大事件或者在领导头脑中留有深刻印象的事件同样会成为沉锚，使领导者的思维偏离正轨而掉进“沉锚陷阱”，从而导致决策错误。除此之外，领导者要注意，当别人给你提出比较有建设性的意见时，不仅要把它当作参考，还要看看他们是从哪个角度分析问题的，从而和自己的想法作比较，作出正确的决策。

当然，对决策产生影响的除了这些客观因素外，还有一些主观因素，比如错觉、偏见等。所以，领导者要时刻意识到这些主观因素的存在和危害性，要时刻检查和约束自己，以避开这些影响决策的沉锚。

那么，作为领导者应该如何决策才能避免“沉锚效应”呢？

（1）在请教别人前，自己先考虑清楚，有一个基本的打算，以防被别人的意见所左右。

（2）和周围的同事多进行交流和沟通，集思广益，寻求不同的意见和方法，从而开拓自己的思维，打破原有经验的束缚。

（3）在咨询别人的时候，不要限制对方的思维。也就是说，当你给对方介绍情况时，最好不要掺杂个人的观点。

（4）对自己接收到的各种信息进行审查，看看是否给予相同的重视，从而避免只接受自己愿意接受的观点。

（5）即使数据不重要，也要记得整理。

（6）决策时，要尽量避免重大事件给思维带来的影响。

（7）多往跟自己意见相违背的方向想一想，或者找一个值得信赖的意见分歧者，和对方进行一场辩论。

（8）向别人征求意见时，尽量避免去征求对自己“唯命是从”的人。

（9）看看自己的动机到底是什么，问问自己是不是在为合理的决策收集信息，还是有别的意图。

儒佛尔定律：善于预测，才能英明决策

决策对于领导者而言，是一项必不可少的工作，也是一项高难度的复杂工作，即使再优秀的领导者在作决策时也不可能始终都是正确的，尤其是在一开始作决策的时候。因为在刚

开始的时候很多实际情况领导都不了解，方向也不是很清楚，这样就会导致判断失误，从而发生决策失误。因此，这就更加凸显出准确预测的重要性。例如，三国时著名的“孔明巧借东风”，正是因为诸葛亮做出了准确预测，从而取得了“赤壁”一战的胜利。

善于预测才能英明决策，那领导者如何才能够做到准确地预测呢？这就需要领导者在这个信息爆炸的年代，面对海量的信息，沉着冷静，结合平时积累的经验，进行推理性的预测。一个成功的领导者能从繁复的信息中预测出未来市场的走向，并马上将其转化为决策。

李嘉诚之所以能成为香港的大富翁，一个很大的原因就在于他善于预测。在20世纪50年代中期，李嘉诚创办了“长江塑胶厂”生产塑料玩具。当时的香港玩具市场已经饱和，工厂效益很差，面临倒闭。对此，李嘉诚非常苦恼，但是他的一个预测却改变了“长江塑胶厂”以及他自己的命运。一天，李嘉诚和往常一样翻阅着当天的报纸，他突然发现一则信息，是说当地一个小塑料厂将制作塑料花向欧洲销售。李嘉诚眼前一亮，他认为，第二次世界大战以来，欧美生活水平虽然有所提高，但是经济上还没有实力种植草皮和鲜花。因此，很长一段时间里，他们会使用塑料花来装饰各种场合。有需求就有市场。李嘉诚预测到这是一个很好的机会，于是他马上决定转产塑料花。正是靠着这些塑料花，几年后的李嘉诚成为了香港大富翁之一。

善于预测，才能英明决策。在当时没有电脑、电视等传播信息媒介的情况下，报纸是信息的主要来源。李嘉诚正是因为抓住了报纸上一个小小的信息，联想到自己的生计，并付诸行动，最后取得了成功。可见，精明的预测能为企业的发展决策提供自由的空间，使信息产生价值，转变成赚钱的机会。

林炯灿能在香港建立食米王国，也与他超凡的预测能力密不可分。

“香港米王”林炯灿刚开始经营自己的米店时，生意并不好。为了改变这种状况，林炯灿可谓日思夜想。终于有一天他发现了商机。经过长期观察，他发现：以前，每个家庭几乎都是大家庭，一家老小至少有七八口人，甚至三代同堂，所以顾客一次就会买好几袋米存放在家里。而如今都成了小家庭，一家也就三四口人，市民不愿意一次性买太多的米。可是市场上的大米还都是用传统的大麻袋包装的，这显然跟不上时代的变化。于是他预测到：把大米换成小包装一定会受到顾客的欢迎。大胆预测之后，林炯灿立即去做。他先是改良了大米的包装，推出了“小包米”，用胶袋包装，摆放在超级市场售卖，结果非常受欢迎，没过多久，其他米商就纷纷仿效。正是通过这一招，使林炯灿的米店取得了在食米行业中不可取代的地位，成为了“香港米王”。

预测是英明决策的前提，而林炯灿的成功就是一个有力的说明。可见，作为企业的领导者，虽然对未来的走向，我们没有十足的把握，但是可以十分用心地去作精确的探究，只有准确地预测才能为组织的英明决策提供支撑，使信息产生价值并转化为资本效益。

一个企业要发展，要提高经济效益，企业的领导者就必须了解国内外经济态势，熟悉市场要求和摸清与生产流通有关的各个环节。这就需要广泛、及时、准确地掌握有利于企业发展的各种信息，这样才能综观全局，预见未来，运筹帷幄，立于不败之地。

预测是企业领导者制定政策、作出决策、编制计划及进行科学管理的重要依据。而要作好预测，领导者首先必须抓住有用的信息，做到以下三点：

1. 提高对信息资源的重要性认识

作为企业的领导者，首先，要对信息资源有足够的重视，这样才能为自己的准确预测和英明决策提供必要的保证，其次，要带动自己的员工积极参与到抓信息、作预测的活动中来。

2. 建立畅通的信息网络

如今，通信技术迅猛发展，信息已成为企业获得成功的一个重要因素。据统计，企业在开发复杂产品的过程中，60%以上的时间都是用来收集、获取信息，剩余的时间才是真正的创造性活动。因此，竞争环境变化越快，越扑朔迷离，企业就越依赖于其内部的信息基础结构。只有建立畅通的企业信息网络，企业才能够真正进行有效的预测，从而根据预测作出英明决策。

3.培养专门的信息研究人才

为了让自己能够作出更果断、英明的决策，领导者可以培养一些专门的信息研究人才，辅助自己进行预测和决策。

达维多定律：做个雄心勃勃的开拓者

达维多定律是由曾任职于英特尔公司高级行销主管和副总裁的威廉·H.达维多提出并以其名字命名的。达维多认为：不管哪家企业都应该做到第一个淘汰自己的产品。一家企业如果想在市场占据领先地位，那么就必须第一个开发出新产品，否则跟在别人后面被动地将新产品推进市场，获得的利益远远不如作为冒险者的第一家企业获得的利益多，因为对于顾客而言，尽管第一家产品并不完善，但是它却具有很大的诱惑力。

英特尔公司的微处理器虽然并不是性能最好、速度最快的，但是英特尔公司始终是新一代产品的开发者和倡导者。1995年，为了避开IBM公司的PowerPCRISC系列产品的挑战，英特尔公司曾经故意缩短了当时极其成功的486处理器的技术生命。当年4月26日，很多新闻媒体都报道了英特尔公司牺牲486，支撑奔腾586的战略。“这一决定反映了英特尔公司的一个长期战略，即运用达维多定律的方法，要比竞争对手抢先一步生产出速度更快、体积更小的微处理器……然后通过一边削减旧芯片的供应，一边降低新芯片的价格，使得电脑制造商和电脑用户不得不任其摆布。英特尔公司通过使用这种战略，把许多竞争对手远远甩在了后面，因为在英特尔公司的新产品迅速占领市场的时候，很多竞争对手生产出的产品尚未达到英特尔公司制定的新标准。”

英特尔公司之所以能够始终把竞争对手远远甩在身后，一个主要的原因就是企业领导者明白，只有及时淘汰老产品，创造新产品，才能使成功的新产品尽快进入市场，从而形成新的市场和新的产品标准，掌握制定游戏规则的权利。而要做到这一点，企业的领导者一定要永远保持一颗进取心，只有不断地否定自我，做个雄心勃勃的开拓者，才能不断超越自我，保证企业的技术永远领先。也只有这样才能依靠创新所带来的短期优势来获得高额的“创新”利润，而不是试图维持原有的技术或产品优势，这样才能获得更大发展。

海尔彩电的领导者就是个雄心勃勃的开拓者，他们在开拓市场方面使用了革新、创新的方式使产品在同行业中独具特色，保持着全新的技术性能。

海尔彩电从创立之日起，就创造了许多让人“想不到”的产品：

1.拉幕式彩电

这种彩电的与众不同之处在于，开机时，画面从屏幕中徐徐拉开，而关机时，电视画面就像戏台落幕一样，从两侧向中间合拢，使电视有一种舞台的艺术感。这种方式有很多好处：首先开机软启动，避免了图像闪烁对人眼造成的伤害；其次，关机零闪烁，避免了强光束对屏幕中心的冲击，这样无形中让电视显像管的寿命延长了一倍左右。这种彩电问世后，一向以工业设计和数字技术居国际一流而自豪的德国人也赞叹不已。

2.可以升级的彩电

在此款电视机出现前，市场上的彩电都是把电视机的功能固定在一块线路板上，而海尔人大胆创新，勇于开拓，他们采用了和计算机相同的模块化设计，这样不仅可以使各个功能模块实现交互式双向信息交流，而且模块可以随着技术的更新和人们的需求而不断更换。

3.家庭影院彩电

这一款彩电第一次实现了真正的AV立体声系统，营造出可与专业音响媲美的全空间多维环绕立体效果，刚一进入市场，就非常畅销。

如今，市场需求千变万化，人群不同需求则不同，海尔的领导者勇于开拓，勇于创新，他们的新产品始终瞄准千差万别的需求。正是因为把握了这个方向，海尔才保持了自己的持续领先地位。

信息时代的企业经营更讲究速度和不断创新，具有一种强烈的忧患意识和时不我待的紧迫感和危机感，及时把握创新的机会是一个成功企业应必备的条件。这就要求企业领导者勇于做一个雄心勃勃的开拓者，秉承一种新产品开发战略：不断创造新产品，及时淘汰老产品，使新产品尽快进入市场，并以自己成功的产品形成新的市场和产品标准，进而形成大规模生产，取得高额利润。另外，要注意的是，企业在其他方面也要注意创新，争取做到“以新胜敌”“以奇制敌”“以异克敌”。

布里丹毛驴效应：当断则断，不受其乱

在人的一生中，可以说无时无刻不在选择，选择对一个人的成败得失关系很大，尤其是在一些关键时刻。当然，不可否认每个人都希望自己的选择是正确的，希望自己的选择可以为自己带来最佳的结果，因此，常常在选择之前反复权衡利弊，再三斟酌，犹豫不决。要知道，很多时候，机会稍纵即逝，并不会给我们留下足够的时间去反复思考，它需要我们当机立断，迅速作出决策。如果犹豫不决，就很可能一无所获。

布里丹养了一头小毛驴，他每天要向附近的农民买一堆草料来喂。

这天，送草的农民出于对哲学家的景仰，额外送了一堆草料放在旁边。毛驴站在两堆数量、质量和与它的距离完全相等的干草之间，这可为难它了。它虽然享有充分的选择自由，但由于两堆干草价值相等，客观上无法分辨优劣，于是它左看看，右瞅瞅，始终无法决定选择哪一堆好。

于是，这头可怜的毛驴就这样站在原地，一会儿考虑数量，一会儿考虑质量，一会儿分析颜色，一会儿分析新鲜度，犹犹豫豫，来来回回，在无所适从中活活地饿死了。

这头毛驴之所以最终被饿死，原因就在于它左右都不想放弃，不懂得如何决策。人们把这种决策过程中犹豫不定、迟疑不决的现象称之为“布里丹毛驴效应”。

“布里丹毛驴效应”是决策之大忌。作为一个领导者，如果在面对“两堆同样数量质量的干草”时，犹豫不决，不能当断则断，往往会给组织或者团队带来巨大的损失。领导者在决策的时候往往会面临很多选择，这个时候应该如何做到果断消除“布里丹毛驴效应”呢?

1.避免最优决策

作为一名领导者，一定要明白，这个世界上是没有最优决策的，“最优决策”也就是十全十美的决策。在面临多种选择的时候，领导者不能有太重的得失心，不管怎样，有得必有失，而有失也必有得，“鱼与熊掌兼得”的事情理论上是不存在的。所以，如果领导者在作决策时，只想着最优决策，那只会浪费时间和机遇。

有人讲过这样一则故事：话说两个猎人进山打猎，偶然在狼窝中发现两只小狼崽。他俩怕中途碰见老狼，于是便各抱一只狼崽分别爬上一棵大树，两树相距数十米。果然，过了一会儿老狼来寻狼崽。一个猎人在树上拧小狼的耳朵，弄得小狼嗷叫连天，老狼闻声奔来，气急败坏地在树下乱抓乱咬。

此时，另一棵树上的猎人掐小狼的腿，这只小狼也连声嗷叫，老狼又闻声赶去……就这样，老狼不停地奔波于两树之间，最后累得气绝身亡。

很显然，老狼之所以最后被活活累死，原因就在于它犯了一个错误，那就是布里丹毛驴效应——它作出了一个“最优选择”，即企图把自己的两个孩子都救回来，一只都不想放弃。如果它能明白“有得必有失，有失必有得”这个道理，那它只要守住其中一棵树，用不了多久至少能救回一只狼崽，结果就不会落此下场了。

2.独立思考，快速作出决策

作为一名领导者，一定要养成独立思考的习惯，并果断地作出决策，不能没有主见，人云亦云，贻误战机，如果这样的话，即使你避免了“最优选择”，也不可能作出正确、及时的决策。

例如，从前，有两个兄弟看见天空中有一只大雁在飞，哥哥准备把它射下来。说：“等我们射下来就煮着吃，一定会很香的！”听到哥哥的主意，弟弟有些不同意，与他争执起来：“鹅煮着才会好吃，大雁要烤着才好吃，你真不懂吃。”哥哥已经把弓举起来，听到弟弟的话，有些犹豫。就在这时，一位老农从旁边经过，于是他们就向老农请教。老农听了以后笑了笑说：“你们把雁分开，煮一半烤一半，自己一尝不就知道哪一种方法更好吃了？” 哥哥觉得老农说得很有道理，于是拿起弓箭准备射大雁时，大雁早已无影无踪了，连一根雁毛都没有留下。

3.设定的目标要合理

作为一名领导者，要避免“布里丹毛驴效应”，还有很重要的一条原则应该遵守，那就是设定的目标要合理，不要总是试图获取最多利益。因为过高的目标，不但起不到指示方向的作用，而且还会因为目标定得过高，带来一定心理压力，束缚决策水平的正常发挥。事实上，对于领导者而言，在多数的环境中如果没有良好的决策水平做支撑，一味地追求最高利益，势必处处碰壁。

除了目标定的过高之外，很多领导者还不了解尽快停损的重要性。当所处的环境开始恶化时，他们依然紧抱着缥缈的幻想，不能客观或理智地分析状况，反而以赌徒的心态，盲目坚守以致持续深陷，直至无法挽回的地步。

有个人布置了一个捉火鸡的陷阱，他在一个大箱子的里面和外面撒了玉米，大箱子上有一道门，门上系了一根绳子，他抓着绳子的另一端躲在一处，只要等到火鸡进入箱子，他就拉扯绳子，把门关上。有一次，12只火鸡进入箱子里，不巧1只溜了出来，他想等箱子里有12只火鸡后，就关上门，然而就在他等第12只火鸡的时候，又有2只火鸡跑出来了，他想等箱子里再有11只火鸡就拉绳子，可是在他等待的时候，又有3只火鸡溜出来了，最后，箱子里1只火鸡也没剩。

不值得定律：快速剔除烦琐小事

不值得做的事情，就不值得做好。这是不值得定律最直观的表达。一个人如果做的是一份自认为不值得的事情，往往会持冷嘲热讽、敷衍了事的态度。不仅很难成功，即使侥幸成功，也不会觉得有多大的成就感。

不值得定律虽然很简单，但是却需要引起人们的重视，尤其是作为企业决策层的领导者，一定要重视不值得定律，不值得做的事情千万别做，将工作中的烦琐小事快速剔除。

下面有三个理由说明领导者绝对不要做不值得做的事情。

（1）做不值得的事情，会让领导误以为自己在完成某些事情，这样不仅耗时费力，得到的也可能只是一丝自我安慰和虚幻的满足感。

（2）不值得做的事情会耗费领导者很多的时间和精力，资源是稀缺的，如果领导者把时间和精力放在某一项活动上，那么就不能用在其他活动上。

（3）做的事会生生不息。做了不值得的事之后，接下来要为不值得之事继续提供值得后续的理由。比如，某公司员工的敬业意识非常好，可领导非要让大家参加敬业意识的培训，这不仅需要为此次培训提供场所，安排培训师，还要让所有员工浪费几个小时的时间参加这个培训，这样会严重地降低工作效率，浪费组织资源。

一个成功的领导者，在做管理工作时，会抓住重要的目标不放，所以领导者不要做自己的奴隶，该剔除的小事要立刻剔除，不是每件事都必须做。很多事情只不过是在浪费我们的时间、精力和生命罢了。一流的领导做一流的事，不该做的事，千万别去做。要知道，很多时候，做一件正确的事情，要比正确地做十件事情重要得多。

著名编剧家贝尔西蒙的每部剧作都堪称经典，很多人都认为他的成功在于他有着过人的才能或智慧。而事实并非如此，主要原因在于贝尔西蒙在写每一个剧本之前，都会先问问自己：若能将这个剧本中每一个角色都表现得淋漓尽致，又保持故事的原则性，那这个剧本究竟会有多好呢？想明白以后，无疑会有以下三种答案：第一种，非常好，值得自己花费两年的心血去深入构思创作；第二种，还行吧，但是像鸡肋，没太大意思，不值得自己耗费太多的精力；第三种，垃圾，俗套，根本不值得一写。

正是因为贝尔西蒙在每次写作之前都会这样问自己，认真考虑这件事情是不是值得自己去做，以至于他从来不为不值得做的事情浪费时间，而是将有限的精力全部投入到值得做的事情中去，最终取得了成功。

班尼斯说：“最聪明的人是那些对无足轻重的事情无动于衷的人，但他们对较重要的事物却总是很敏感。那些太专注于小事的人通常会变得对大事无能。”虽然很多人都明白这个道理，但是在实际工作中，真正做到这点的领导者并不多，他们总是在为一些无所谓的小事而烦恼，很显然，这种领导者是在平白无故消耗自己的精力，他忘了什么是不值得做的事，也忘了不值得做的事一定不能做的道理。

所以，领导者必须学会把自己的时间放在最值得做的事情上面，快速剔除工作中的一些烦琐小事。从时间的角度来讲，领导者应做到以下几点：

1.善于授权，把自己从琐事中解脱出来

有很多领导者让人感觉每天都很忙碌，而仔细观察后你会发现，他所做的事情很多都是一些烦琐小事，根本不需要他亲自去做。领导者只有摆脱这些琐事，才能把时间用在真正应该做的决策或者其他重大事件上，所以，一定要善于授权，将一些下属完全可以自主完成的或者根本不需要自己做的事情放心大胆地交给下属，而节省自己有限的精力去做一些更加重要的事情。

2.减少不必要的会议

开会是一种重要的工作方式，他比个人之间的交流更能集中大家的智慧，和书面沟通相比，更具有互动性。但是物极必反，如果领导者把太多的时间都用在开会上，势必影响领导者执行职能的履行程度和效果。领导者如果一天参加三四个会，领导者的作用就会变成象征性的，则会导致以会议落实会议的局面。

3.减少不必要的应酬

领导者由于身份的特殊性，会有很多应酬场合邀请参加，有时候应酬时间都超过了领导者的工作时间，如果这个问题不解决，那么时间管理就是一句空话。有些领导会说，这些应酬都是必不可少的，我也很无奈的。其实这只是一个借口，试问一下你自己：如果你把应酬排在第一，那么什么排在第二？工作又排在第几？显然作为领导者，应该把工作排在第一位，而这就需要你在平时，把自己的工作和应酬等按轻重缓急分成几个等级，然后从最重要的事情开始做起，尽量减少一些不必要的应酬。

把握应激心理，善于灵活决策

应激是指遇到危险或者出乎意料的事件的时候所引起的

急速而紧张的情绪反应或者决策，它包括主观环境和主观反映两个因素。我们小时候都听过“司马光砸缸”的故事，司马光在小朋友掉进缸里的紧急情况下，用石头把缸砸破，使小朋友得救。其实他这种“急中生智”的状态，就属于心理学上的“应激”。

在日常生活和工作中，小到鸡毛蒜皮的小事，大到天灾人祸的大事，各种突如其来的事件和意想不到的危险时有发生，在这种情况下，人们可能急中生智，做出平时无法做出的勇敢行为，发挥出巨大的潜能，也可能因此而心绪紊乱，惊慌失措，而做出不恰当的决策和行为。这就要求人们在遇到事情时，充分把握“应激心理”，调动自己的智慧和力量，立即作出反应。说通俗一点，就是在遇到事情时，要学会随机应变，灵活决策。

《三国演义》第二十一回描写道：刘备寄居曹操篱下，为怕引起曹操的猜疑，实行“韬晦”之计，在自己的住处后园里种起菜来了，以此来遮掩自己的政治野心。不料曹操和他青梅煮酒论英雄，一语道破他“英雄”的真面目，此时，刘备惊慌失措，手中筷子不觉落在地下。恰巧这时老天作美，雷声大作，刘备急中生智，以雷声为借口巧妙掩饰。

在曹操一语道破刘备的政治野心时，刘备的第一反应是惊慌，但是惊慌之余，他急中生智，借助雷声将其掩饰，其实这就是一种随机应变的能力，是一种积极的应激心理。从企业管理的角度来看，高层次的管理者必须具备这种随机应变的能力，因为低层次的管理者主要对上级的决策负责，而高层次的管理者却要面对复杂多变的环境，必须学会管理变动。

日本南极探险队第一次准备在南极过冬，便设法用运输船把汽油运到越冬基地。由于准备工作不充分，在实地操作中发现输油管的长度根本不够，而且一下子也找不出备用和可以替代使用的管子。如果从日本运送，那时间需要近两个月。怎么办？这下子可把所有队员难住了。大家你看看我，我看看你，毫无办法。

这时候，队长西掘荣三郎突然提出了一个很奇特的设想，他说："我们用冰来做管子吧。"冰在南极是最丰富的东西，但怎样使冰变成管状呢，很多人还是"丈二和尚摸不着头脑"。西掘队长又说："我们不是有医疗用的绷带吗?就把它缠在已有的铁管上，上面淋上水，让它结冰、然后拔出铁管，这不就成了冰管子了吗？然后把它一截一截接起来，要多长就有多长。"

西掘队长在面对困难的时候能够急中生智主要取决于以下三个方面。一是他做到了急中要"冷"，就是冷静。二是他做到了急中要"变"，也就是善于变化思维，他通过已知的东西做媒介，将毫无关系的要素结合起来，也就是取各种物品的长处，把它们结合在一起，再制造出新物件。三是急中要"信"，也就是要有信心。正是因为做到了这三点，西掘队长在面对困难时，不是心绪繁乱，而是充分把握自己的应激心理，作出了英明的决策。

可以说，对于领导者而言，应变能力非常重要。在一般的领导行为中，良好的应变能力可以使领导者迅速抓住问题的主要矛盾，然后采取对策进行解决；可以让领导者牢牢把握事态发展的主动权，并将其导向自己的控制范围；可以使领导者及时化解突然出现的不利情形，变被动为主动。在危机管理中，领导者的应变能力更是起到了至关重要的作用，其应变能力的大小甚至直接决定了一个企业的生死存亡。

那么，领导者应该在哪些方面提高自己的应变能力呢?

1.要有敏锐的洞察能力

敏锐的洞察能力是领导者提高应变能力的前提。领导者只有在问题出现时，敏锐、迅速、准确地抓住问题的要害，才能为日后的正确决策提供保证。

2.要有敏捷的反应能力

敏捷的反应能力是指人在思维过程中，当机立断和及时解决问题的能力。突发事件一般来得快，来得意外，领导者不可能对事件了解得非常透彻、深刻、全面，也无法仔细推敲，这个时候如果不及时作出反应就很可能变得被动，因此，领导者必须当机立断，在行动中继续收集信息，观察变化，调整行动方案，以取得成功。

3.准确的判断能力

领导者在面对突发事件时，必须具备准确的判断能力，在此基础上，建立起决策的整个支持系统。而准确判断的基础是掌握真实情况，具备丰富的知识储备和经验，以及对问题的准确理解。这就意味着领导者在作出任何决策时，都必须审察分析所有的事实，掌握获取信息的先进手段，同时避免信息失真。

4.超常的镇定能力

领导者在紧要关头，首先应该做到的就是镇定。在遇到突发事件时不受一点精神冲击是不可能的，但是领导者要比常人更快地度过第一冲击波。要知道领导者代表的不仅仅是个人，作为一个团队或者单位的负责人，惊慌失措往往会有很大的传染性，如果领导者在遇到问题时，精神上先乱了阵脚，那么一切思考、判断以及指挥、决策都会受到影响，甚至无法进行。

巴纳姆效应：谨慎决策，不要轻信传言

在日常生活中，任何人都不可能每时每刻反省自己，更不可能永远把自己放在一个局外人的角度去观察自己，每个人都不可避免地会借助外界信息来认识自己。正因如此，每个人在认识自我时很容易受外界信息的暗示，迷失在环境当中，受到周围信息的暗示，并把他人的言行作为自己行动的参照。“巴纳姆效应”指的就是这样一种心理倾向，即人很容易受到来自

外界信息的暗示，从而出现自我知觉的偏差，认为一种笼统的、一般性的人格描述十分准确地揭示了自己的特点。

这个效应是以一位广受欢迎的著名魔术师肖曼·巴纳姆来命名的，他曾经在评价自己的表演时说：他的节目之所以受欢迎，是因为节目中包含了每个人都喜欢的成分，所以每一分钟都有人上当受骗。

巴纳姆效应告诉我们：作为一名领导者，在决策的时候一定要谨慎，不要轻信传言，被外界的一些无关信息所干扰，从而影响自己的判断。

爱因斯坦曾经是一个十分贪玩的孩子，为此，他的母亲可是费了不少心，可是母亲的再三告诫对他来说如同耳边风。直到16岁那年的秋天，一天上午，爱因斯坦正准备去河边钓鱼，被他的父亲拦了下来，给他讲了一个故事，而正是这个故事改变了爱因斯坦的一生。

父亲对爱因斯坦说："昨天我和咱们的邻居杰克大叔去清扫南边的一个大烟囱，那烟囱只有踩着里面的钢筋踏梯才能上去。你杰克大叔在前面，我在后面。我们抓着扶手一阶一阶地终于爬上去了，下来时，你杰克大叔依旧走在前面，我还是跟在后面。后来，钻出烟囱，我们发现了一件奇怪的事情：你杰克大叔的后背、脸上全被烟囱里的烟灰蹭黑了，而我身上竟连一点烟灰也没有。"

爱因斯坦的父亲继续微笑着说："当时，我看见你杰克大叔的模样，心想我一定和他一样，脸脏得像个小丑，于是我就到附近的小河里去洗了又洗。而你杰克大叔呢，他看我钻出烟囱时干干净净的，就以为他也和我一样干干净净的，只草草地洗了洗手就上街了。结果，街上的人都笑破了肚皮，还以为你杰克大叔是个疯子呢。”

爱因斯坦听完后，忍不住和父亲一起大笑起来。父亲笑完后，郑重地对他说：“其实别人谁也不能做你的镜子，只有自己才是自己的镜子。拿别人做镜子，白痴或许会把自己照成天才的。”

正如爱因斯坦父亲所说：“只有自己才是自己的镜子。”领导者在作决策的时候，不可避免地会受到周围一些人或者事情的影响或者干扰，这个时候，一个理性的决策者不会被别人的思想所左右，而是会参照决策本身，对其进行分析，最后根据自己的判断来决定决策是否执行。

那么，领导者应该如何避免巴纳姆效应，做到谨慎决策，不轻信传言呢?

1.相信自己

一个领导在作决策的时候，如果对自己不自信，那么自然会很容易受到一些外界因素的干扰，稍微有些传言进到耳朵里，就会影响他对决策本身的判断。所以要想让自己作出正确的决策，就应该相信自己的判断，不为外界因素所干扰。

2.培养自己的信息收集能力和敏锐的判断力

敏锐的判断力对大多数人而言都是需要后天培养的，判断力实际上是在收集信息的基础上进行决策的能力，因此信息的收集对判断是否正确起着非常重要的作用。没有收集到足够的信息，就很难做出明智的决断。

有这样一个故事：一个12岁的割草工给一位李太太打电话："您需要割草吗？"李太太回答说："不需要了，我已经有了割草工。"孩子说："我会帮您拔掉花丛中的杂草。"李太太回答说："这些我的割草工已经做了。"这孩子又说："我还会帮您把草与走道的四周割整齐。"李太太说："这些我的割草工也做到了。非常感谢，我不需要新的割草工了。"孩子便挂断了电话。孩子身边的朋友问道："你不就在李太太那里割草吗？为什么还要打这个电话？"孩子得意地回答："我只是想知道我做得好不好！"

这个12岁的小孩收集信息的能力很强，我们不难预测他的未来无可限量，至少要比别的小孩强。

3.多做比较

领导者在作决策的时候，广开言路，多听听周围人的意见或者与曾经的一些重大的成功或者失败的案例进行比较无疑是一件好事，因为这样，你就可以更加准确地判断出此次决策的正确与否，从而做到谨慎决策。

第7章

会议效应，鼓舞士气启迪人心的开会策略

如今，组织和参加会议已经成为现代企业管理工作必不可少的一项管理活动。开会不是走走形式就完了，也不是为了开会而开会，开会的最终目的在于解决问题。就像每天开晨会是为了确定当天的工作任务和目标，开周会是对一周的工作作出总结，开表扬大会是为了给大家树立榜样，从而塑造典型，鼓励大家好好工作。因此，能否将会议组织得有声有色，达到会议的根本目的，则直接体现了一个领导者的管理水平的高低。

首因效应：领导的开场白很重要

首因效应，也称为第一印象，或先入为主效应，是指人们第一次与某物或某人相接触时会留下深刻印象，在自己的头脑中形成并占据着主导地位的效应。第一印象作用最强，持续的时间也长，比以后得到的信息对于事物整个印象产生的作用都强。

首因效应实质上是一种优先效应，也就是说，当一个人获得很多信息时，总是倾向于重视前面的信息。即便接受了后面的信息，也会认为后面的信息具有偶然性，习惯于按照前面的信息为后面的信息作出解释，如果后面的信息和前面不一致，人们也更容易相信前面的信息，以达到整体一致的效果。

有这样一个运用“首因效应”的故事：

一个新闻系的毕业生正急于寻找工作。一天，他到某报社对总编说：“你们需要一个编辑吗？”

“不需要！”

“那么记者呢？”

“不需要！”

“那么排字工人、校对呢？”

“不，我们现在什么空缺也没有！”

"那么，你们一定需要这个东西。"说着他从公文包里拿出一块精致的小牌子，上面写着"额满，暂不雇用"。总编看了看牌子，微笑着点了点头，说："如果你愿意，可以到我们广告部工作。"这个大学生通过自己制作的牌子，表达了自己的机智和乐观，给总编留下了美好的"第一印象"，引起其极大的兴趣，从而为自己赢得了一份满意的工作。

无独有偶，美国总统林肯也曾因为相貌偏见拒绝了朋友推荐的一位才识过人的阁员。当朋友愤怒地责怪林肯以貌取人，说任何人都无法为自己的天生脸孔负责时，林肯回答："一个人过了四十岁，就应该为自己的面孔负责。"

首因效应告诉我们，人们通过最初获得的信息所形成的印象往往很难改变，甚至会左右对后来获得的新信息的解释。通过上述的两个案例不难看出，"第一印象"是难以改变的，而第一印象主要是依靠性别、年龄、体态、姿势、谈吐、面部表情、衣着打扮等来判断一个人的内在素养和个性特征。

因此，企业领导者在参加会议的时候，就可以利用"首因效应"来吸引与会者的注意力，抓住他们的心，给他们留下深刻的第一印象。最好的方法就是巧妙地设计开场白。这样做，一来可以吸引与会者的注意力，激发他们的好奇心；二来可以很好地概述讲话的主要意图和内容；三来也向与会者阐明了开会的必要性。

通常而言，领导者会议开场白可以采用以下几种方法：

1.自我介绍式的开场白

领导者外出开会发言时最适宜采取的方式就是自我介绍式开场白，由于与会者互相都不认识，所以很有必要向大家做一个自我介绍。

但凡听众，都会有这样一个心理，那就是想知道自己在听谁发言。当了解了发言人的基本情况，听众心里就会有一种踏实感，听下面的发言也会专心致志。而如果听众不了解发言人的基本情况，在听的过程中，心里总觉得不踏实，好像缺了点什么似的，时不时会问自己“这是谁？”有的人为此还会停止听讲，向周围的人打探发言人的基本情况，这样势必分散听众的注意力，降低听会的效果。

2.谦虚式的开场白

谦虚式开场白是指在正式发言前，领导者可以结合发言的内容谦虚地说上几句话。

没有谁会喜欢别人对自己是一副高傲的态度。有些领导者一开会发言就大谈自己的成绩，盛气凌人，这很容易让与会者反感，产生抵触情绪。而谦虚的开场白，则可以化解矛盾，拉近领导与下属之间的距离，使听众以良好的心态听取发言。当然要注意的是，凡事都要有个度，过度谦虚就是骄傲。在会议发言上，谦虚的话要说，但是，不能够过分谦虚。

3.谅解式的开场白

领导者在正式发言之前，向听众讲一些主观或者客观的理由，来说明自己下面的话可能出现的问题，以求得大家的谅解。这样的开场白叫做谅解式开场白。之所以用这种开场白，是因为这样开场既给听众打了预防针，减轻了自己的压力，也可以吸引听众的注意力，有利于增强会议发言的效果。

在这里只给大家介绍了比较常用的三种，其实会议开场白的方式非常灵活，完全不限于以上几种，只要对开会的效果有益，根据具体情况，任何精彩的开场白都可以使用。总而言之，在会议上，领导者如果能有一个出彩的开场，给大家留下一个好的印象，那么就会迅速抓住听众的心理，从而使会议比较顺利，取得圆满的结果。

圆桌效应：更民主地进行沟通与交流

“圆桌效应”，是心理学上的一种说法，它来源于圆桌会议。相传公元5世纪，英王亚瑟和他统帅的骑士举行会议时，是不分上下席位的，统统围着圆桌而坐，由此也形成了“圆桌会议”的称呼。由于圆桌会议不分上下，可以避免席次的争执，所以含有与会者“一律平等”和“协商”的意思。圆桌所呈现出来的柔和感和圆周曲线美，使就餐者很容易联系和产生出“亲切的关系”“和谐的闲聊”“民主的气氛”等形象和感受，这便是人们对圆桌所产生的心理效应，称为“圆桌效应”。

在现代企业管理中，领导者在会议上时常想到圆桌效应，时常追求圆桌效应，就会让人感觉会场气氛非常亲切、民主、和谐，在这样的氛围里，员工们就乐意将自己的真心话说出来，乐意帮助公司出谋划策。

在一节数学课上，同学们都在认真地做着课堂作业，任课的李老师突然发现爱吃零食的刘刚嘴巴又在动，便气不打一处来。“刘刚，你给我站起来！”老师大叫一声，吓得刘刚“嗖”地一下站了起来。“你怎么回事？又吃零食！难道不知道吃零食会影响课堂秩序？”出乎李老师的意料，刘刚却顶起嘴来：“我就爱吃零食，怎么样！你管不着！”这下气得李老师脸色铁青，“好，好，为了不影响大家做作业，我现在不收拾你，课后到办公室处理你！”下课后李老师气消了，打消了“收拾刘刚”的念头。

李老师和刘刚中午都在学校食堂就餐。这天就餐时，李老师和他班上六个学生围坐一张圆桌吃饭，当然刘刚也坐在中间。李老师一边吃饭，一边和大家聊天，给他们讲笑话，气氛显得特别亲切。吃完饭，李老师建议大家不要走，提出：“现在我们来开一个讨论会：课上能不能吃零食？”孩子们各抒己见。在这场讨论中，刘刚终于认识到，吃零食不仅不卫生，而且形象不雅观，还影响课堂秩序等，他当场就向李老师道了歉。

李老师利用圆桌就餐的机会教育刘刚，其实就是一种“圆桌效应”。依据“圆桌效应”，我们知道老师和学生之间不应该师生分明，而应该有平等的关系。老师在学生面前应该放下自己的架子，尽量和学生拉近心理距离，以一个朋友的身份融入学生之中。对于犯错误的学生，老师应该晓之以理，动之以情，以平等的身份、真诚的态度、商量的口吻，让学生从心理上接受批评。当然，运用“圆桌效应”教育学生，不是说老师和学生非得找一张圆桌围坐，而要有“圆桌会议”的平等精神，要努力创造一种亲切、和谐的气氛，再在其中进行平等交流。一般来说，这样做的效果是最好的。

同样的道理，领导者在企业中开会时，也应该多多运用“圆桌效应”。在开会时，要营造一种民主的、平等的氛围，在这种氛围中，去跟员工进行沟通和交流。

那么，领导者应该如何利用“圆桌效应”很好地在会议上创造出民主、平等的沟通交流的氛围呢？下面总结了一些建议，希望领导者能够作为参考：

1.领导者要放下架子

在会议上，领导者要放下架子，尝试从下属的角度去体会下属的所思、所感，从“请下属注意”向“请注意下属”转变，让下属获得充分的心理自由和心理安全，创造一种相互理解的交流氛围，创造一个鼓励下属说心里话的宽松环境。

2.领导者要淡化“权威”

领导者要淡化传统管理者的“权威”角色，强化情感管理特点的“朋友”角色。

领导者与下属对话的核心应该是两个主体之间平等的“会晤”，领导者要坚持作风民主、平等待人，能认真且虚心听取下属的意见和建议，并能理解和认可下属的不同意见，让下属为企业发展或是团队建设献计献策，承担一定的责任。领导者作为“平等者中的首席”，参与者、指导者、引领者的作用并没有抛弃，而是得以重新构建，从外在下属情境转化为与这一情境共存。如果领导者能巧借“圆桌效应”，构建平等、民主、和谐的领导者和下属之间的关系，这本身就足够在会议上鼓舞士气了。

总之，民主或是平等不应该只讲形式，更多的是要注重内容。领导者在会议上要用自己的实际行动，引导每一个团队成员大胆地说出自己的想法，然后加以综合运用。只要是对团队发展有用的，不论其职位高低，都应该加以采用，这才是真正的民主。

旁观者效应：参与其中才能掌控全局

旁观者现象是一种社会心理学现象，指在紧急情况下由于有他人在场而没有对受害者提供帮助的情况。救助行为出现的可能与在场旁观人数成反比，即旁观人数越多，救助行为出现的可能性就越小。

“旁观者效应”，简单地说就是一种“从众心理”。“路见不平”时，你不吭声，我也不吭声，他也不吭声，最后大家都保持安静；“该出手时”时，你不出手，那么我也不出手，他也不出手，最后大家都不出手。很显然，在我们身边尽管“旁观者效应”非常普遍，但它的确是一种不良的社会心理。下面的这个故事就很好地说明了这一点。

1964年3月，在纽约的柯由公园发生了一起震惊全美的谋杀案。一位年轻的酒吧女经理，在凌晨3点回家的途中，被一个素不相识的男性杀人狂杀死。这名男子作案时间长达半个多小时，当时，住在公园附近公寓里的住户中有38人看到或听到女经理被刺情形和反复的呼救声，但就是没有一个人出来保护她，也没有一个人及时给警察打电话。事后，美国大小媒体同声谴责纽约人的异化和冷漠。

为什么会出现这种情况呢？难道真的是人心冷漠吗？显然不是。其实，旁观者效应之所以出现，主要原因是：

1.比较心理的抑制作用

在这个社会上，每个人都会对已发生的事情有着自己的看法，并会采取相应的行动。但是如果有其他人同时在场，那么自己就会小心谨慎地评估自己的行为，把自己准备实施的行为和别人作比较，担心自己的某种行为会给本人带来尴尬。因此，当别人都不采取行动时，自己也不敢作出任何行为。

2.从众心理的模仿作用

当很多人在一起时，一个人不仅会根据别人的看法来评估某一事件，而且在行为上也会倾向于模仿别人，尤其是在特殊的情况下就更加明显。一个人在面对紧急情况时，即使主观意识上认为应该上前帮助，但是如果周围没有人行动，自己也会跟随大家的行为。

3.多数人忽略

由于其他人的在场和出现，个体往往会受其影响而不能准确地对时间作出认知、判断或者解释，尤其是在紧急情况下，而自己又对情况比较陌生的时候。人们既没有对行为措施的心理准备，也缺乏相关行为的信息资料。因此大多数人都会选择观察在场其他人的行为，以此来获得信息，从他人行为动作中找到自己行为的线索和依据。

4.责任扩散

在紧急情况下，很多人在场时，自己不去救助受难者也不会承担很大的社会代价，风险和责任都会分摊到每个人的头上，这样就减少了自己见死不救所产生的罪恶感和羞辱感。

旁观者效应存在于社会的方方面面。比如公司开会时，这种旁观者效应就非常普遍。在公司开会时，可能很多领导者都有过这样的感受：在自己讲完话后，让下属说话时，大家都一言不发，低着头等待着；当需要下属踊跃发言或者自告奋勇去接受一份挑战性的工作时，大家都表现得犹犹豫豫。为什么会出现这种情况呢？其实，不是大家不想说，或者没有想法，而是因为其他人都没有讲。大家都用一种旁观者的心态在等待。

在开会的过程中，大多数情况下，公司领导都会让下属集思广益，对提出的问题或者方案发表自己的意见或者看法，如果大家都抱着这种冷眼旁观的心态，会议的意义何在？因此，作为领导者，一定要在会议中避免“旁观者效应”的发生，让大家积极踊跃地参加到会议中来。

下面有两个方法，以便领导者参考：

1.抛砖引玉

在开会的时候，让员工们发言，可是员工都持旁观态度，保持沉默不语，不愿意发言。这个时候，领导者可以采用抛砖引玉的方式，比如，领导者可以首先谈一下自己的观点，或者提出一些启发性的问题，引导员工发言，进一步参与会议的讨论；也可以指定其中一名员工，让他先谈一下自己的看法或观点，从而带动其他员工的积极性。

2.学会倾听

有的领导者属于“话痨”型的，只要一开会，从头到尾讲话的就是他一个人，根本不给别人发言的机会，整个会议过程简直就像他自己的“秀场”。但是，作为领导者要记住，有一副好口才固然很重要，但如果你想让员工们在开会的时候也参与进来，就要学会倾听。只有领导者在会议上愿意倾听、善于倾听，员工才会积极发表自己的观点。因为他们觉得自己受到了重视，心理得到了满足。

反馈效应：要及时地给予赞同或表示理解

著名心理学家赫洛克曾做过一个有关反馈的著名实验：

他把106名四五年级的小学生分成4个组，让他们每天练习相同数学的题目。当然，不同的组练习后，所得到的“待遇”是完全不同的。

第一组为受批评组，每次练习后，都挑出学生们的错误，并严加批评。

第二组为受表扬组，学生们练习后，针对他们不同的良好表现予以表扬和鼓励。

第三组为被忽视组，对这组成员，既不批评也不表扬，只让其静听其他两组挨批评和受表扬。

第四组为控制组，这组和前三组是隔离的，也不会得到来自外界的任何评价。

一段时间后，赫洛克对4个组的练习效果进行了考察，结果表明：控制组的练习效果是最差的。而在前三组中，被忽视组的练习效果明显低于其他两组。而在练习效果相对较好的受表扬组和受批评组中，受表扬组的练习效果最好，并且呈现出不断上升的趋势。

由此可见，不同的评价对学生们的学习效果有着不同的影响，而没有评价就是最坏的情况。其实评价就是对他人活动的一种反馈，而所谓反馈，指的是行为者对自己行为结果的了解，这种了解能够强化先前行为的作用，从而使行为者更加积极地做出类似的行为，提高行为的效率，这一现象被心理学家称为“反馈效应”。也就是说，如果我们期望谁能够在某项活动中取得进步，那么给他恰当的反馈信息是非常必要的。

因此，作为领导者，一定要重视管理工作中的反馈。一是要重视下属的反馈，尤其是在会议上，下属反馈的信息更需要受到重视。会议上反馈的信息有别于私下里反馈的信息。对下属来说，能在会议这种正式的场合提出意见，就说明这种意见很重要，领导者必须予以重视；二是要重视对下属的评价和指导，也就是领导者应对下属的工作情况给予及时的反馈，以此来促进下属的工作。例如，在开会的时候，领导者可以对下属做得好的方面进行表扬或者鼓励，让下属知道哪些方面做得好，以后要保持并更上一层楼；也可以对下属做得不好的方面进行批评，让下属明白自己的问题出在哪里，哪里还存在欠缺，从而及时改正。

一般而言，反馈的方式主要有三种：积极的反馈、消极的反馈和纠正性的反馈。

1.积极的反馈

也就是说领导者要对下属表现良好的地方给予肯定。如果这种类型的反馈既及时，又注重结果，那么它一定是最有效的。

例如，“这份报告我看过了，你做得非常不错；听管理部门的主管告诉我他们正采用的管理方式是你在整个部门里提出来的，为你出色地完成工作表示感谢；上周五你交给我的那份每个月的财务数字在内的报告是我见过的最清晰的报告。”

给予这样的反馈是比较容易的，因为这传递的是一种积极的信息，而且员工也比较容易接受。

2.消极的反馈

消极的反馈在指出可能出现的问题时，是没有建设性目的的。下属收到这样的反馈容易产生不安、混乱、愤怒的消极情绪。所以领导者最好不要使用消极的反馈。

例如，“你怎么又晚交了报告？不仅如此，报告内容还这么不清晰。我真不知道该怎样才能让你明白这项工作的重要性，你也太差劲了吧！”

如果你的下属收到这样的反馈，相信他已经感到不满。也许这样做短期会起到一定的效果，但从长远来看，它并不能激励员工努力工作，从而提高绩效。相反，这样做会让下属心里有一种畏惧感。为了下次不再听到这样消极的反馈信息，也许下属会暂时改正缺点，但他必定会失去对这份工作的兴趣。

3.纠正性的反馈

纠正性的反馈是以一种建设性的方式给下属作出反馈或者

给予评价。纠正性反馈的目的不是让你谴责下属，而是要让你帮助下属提高工作绩效。纠正性反馈最好的方式就是告诉对方需要纠正的行为，举一个最近的例子，并向其请教一些可以纠正错误或者提高绩效的意见，然后一同商定下一步怎么办。为了促进下属发展，建设性的反馈意见无疑是最好的。

例如，“看来，让你准时完成每周的报告是有困难的。上个礼拜五我等到下午五点都没有收到报告，而且这是最近四个星期中你第三次延迟提交报告了。所以，我不能及时把报告交给我的上司了。那么接下来，你认为我们该如何改善这种情况呢？你有什么建议？你认为我们如何做才能更好地解决这个问题？”

看到这种情况，你也许觉得这类信息和负面反馈类似，但它要比负面反馈客观，而且没有负面情绪。这样在员工收到信息的时候，就不会感觉有畏惧感。

对于领导者而言，要尽量多地用积极的反馈和纠正性的反馈，而少用或者不用消极的反馈，这样会使反馈更有效果。

情绪效应：会议上学会调动起员工的激情

美国洛杉矶大学医学院的心理学家加利·斯梅尔做过一个实验，他让一个性格乐观的人和一个郁郁寡欢的人同处一室。

结果发现，不到半个小时，这个乐观的人也变得心情糟糕起来。随后，加利·斯梅尔又做了一系列相关实验，得出一个结论：只要20分钟，一个人就可以受到他人低落情绪的传染，而那些敏感、富有同情心的人，则更容易被坏情绪感染。情绪的传染过程是在不知不觉中完成的。

事实上，情绪会通过人的表情、语言、姿态进行传递，并在不知不觉中感染他人。这就是心理学上说的“情绪效应”。坏情绪给他人带来消极影响，好情绪则给他人带来积极影响。

一天早晨，有一位智者看到死神向一座城市走去，于是上前问道：“你要去做什么？”死神回答：“我要到前方那个城市里带走100个人。”

那个智者说：“这太可怕了！”

死神说：“这就是我的工作，我必须这么做。”

智者告别了死神，并抢在它前面跑到那座城市里，提醒所遇到的每一个人：请大家小心，死神即将来这个城市带走100个人。

第二天早上，他在城外又遇到了死神，带着不满的口气问道：“昨天你告诉我你要从这儿带走100个人，可是为什么有1000个人死了？”

死神看了看智者，平静地回答：“我从来不超量工作，而且也确实准备按昨天告诉你的那样做了，只带走100个人。可是恐惧和焦虑带走了其他那些人。”

很显然，另外死去的900人死在了恐惧和焦虑的手里，恐惧和焦虑这样的“坏情绪”起到了和死神一样的作用。实际上，在生活中，这样的效应每天都在发生，只不过很多人已经习以为常。

情绪效应的核心在于“感染”。据美国《华盛顿邮报》报道，美国夏威夷大学的心理学教授埃莱妮·哈特菲尔德及她的同事经过研究发现，包括喜怒哀乐在内的所有情绪都可以在极短的时间内从一个人“感染”给另一个人，这种感染力速度之快甚至不超过一眨眼的工夫，而当事人也许并未觉察到这种情绪的蔓延。

研究人员请一些志愿者在30秒钟的时间内观看一些有欢乐或愤怒表情的图片，在看完前者之后立即让他们看表情中立的图片，结果显示志愿者开始明显表现出刚才看过的图片上的情绪。

研究人员称，上述发现对提高工作效率有好处，例如，一个团队的领导者心情不错，团队的成员也会被感染，大家的默契程度就会提高，工作起来更得心应手。这种以情绪感染他人的方法，企业领导者可以运用到开会的过程中，以便有效地调动与会员工的情绪。

微软公司的首席执行官史蒂夫·鲍尔默就是一个在开会的时候很会运用“情绪效应”的领导者。

鲍尔默就是微软公司拉拉队的队长。每次开会讲话的时候，他总要时不时地把一只攥紧的拳头在另一只手上不停地击打，并以一种高昂的语调高喊出来，很像司令员赴战场前的动员令。1991年，在一次公司会议上由于叫得太猛太响亮，以至于喊坏了嗓子，不得不进医院动了一次手术。

有一位微软的员工这样评价鲍尔默："鲍尔默富于感染力，充满激情。除非你是死人，不然每次与他一同开会，你不可能不被他感染。"

然而，在很多企业开会的过程中，往往会出现一些领导者不停地说，而员工沉默不语的情况。这是非常糟糕的，开会的效果会很差。这时，就需要领导者运用"情绪效应"，想方设法调动员工的情绪。

1.领导者自己要情绪高涨

在开会的时候，要想让下属充满激情，领导者首先必须自己情绪高涨，否则，领导者一副"苦瓜相"，下面的员工必然会消沉无语。

2.多鼓励员工发言

在开会的过程中，领导者应该对下属多说一些鼓励的话，只有这样，下属才会对自己充满信心，积极踊跃地表达自己的意见或看法，参与到会议的讨论中，为企业的发展建言献策。

3.不当"话霸"，多给员工表现的机会

有些领导者口才非常好，一开会就滔滔不绝，从会头讲到会尾，根本不给其他人发言的机会。领导有好的口才固然很好，但是也不应该当“话霸”，这种“一言堂”的行为不但很难让下属接受会议的内容和领导本人，而且对员工积极性也是重大打击。因此，领导者一定要给员工留出充足的时间发言。

总之，在任何一场会议中，都存在着情绪、气氛和场景。如果你是个明智的领导者，就一定要学会利用自己的情绪创造宽松、和谐的会议气氛，学会调动员工的激情，只有这样才能使会议达到预期效果。

奥卡姆剃刀定律：精简会议

奥卡姆剃刀定律是由14世纪逻辑学家、圣方济各会修士奥卡姆的威廉提出来的。他主张“如无必要，勿增实体”，也就是说要简单有效。他在《箴言书注》2卷15题说：“切勿浪费较多东西去做用较少的东西同样可以做好的事情。”将其用在企业会议管理中，就是要求领导者精简会议。

如今，很多企业领导者把会议当成自己的一项重要工作，三天两头地开会，而从不考虑开会的效果，结果因为会议数量太多，会议时间太长，再加上会议经常没有主题，导致员工们不仅没有因此提高效率，做出业绩，反而谈“会”失色。

张旭所在的公司虽然规模不大，但是里面的员工都很忙碌，他们各个看起来都是眼神迷离，精神不振，你问他们在忙什么，他们都是相同的回答："开会"。原来，由于公司的业绩一直不是很好，为了让大家振作精神，鼓舞士气，领导者每天都给他们开会，早上开，中午开，下午下班前还开，而且每次开会时间都不少于一个小时。原以为这样有助于公司员工找到工作方法，提高工作效率，谁知，公司的状况比以前更糟糕。

如今，很多企业领导者都存在这样的问题，公司有事没事，都把员工叫来开会。本来可以直接跟下属说的事情，他非要开会讨论；本来可以在会议上三言两语就解决的问题，他会天马行空扯上2个小时；本来3分钟就说完的事情，他会和你侃上半个小时。结果往往说者信口开河，听者心猿意马。不但没有达到开会的效果，反而让员工一听到"开会"两个字就头痛。

如果领导者对企业会议不进行管理，就可能导致会议泛滥。不仅很多领导者把会议当成自己推卸责任的场所，员工也会因此失去斗志。如果在会议上，领导者没有把布置的工作说清楚，没有把要解决的问题解决好，这不仅浪费了所有参会人员的时间，而且严重挫伤了与会者的信心。时间长了，开会就成了所有员工的负担。

要知道，企业作为经济组织，营利是最终的目的。而时间作为其中的一项成本，起着十分关键的作用。因为所有的工作都是员工通过分分秒秒来完成的。上班时，你开会的时间长了，他们工作的时间相对就少了，显然会影响他们的工作。

那么，应该如何改变这种状况呢？

1.减少会议数量

领导者要想精简会议，首先要做的就是减少会议的数量。开会的目的无非布置工作、推进工作或者解决问题。因此，如果不用开会就可以达到这些目的，就不要开会。这就需要领导者提前考虑好这些问题，在心里问问自己，这个会议有必要开吗？有没有更简单的方法可以达到目的，从而达到精简会议数量的目的。

2.控制会议时间

开会的时候，如果不是特殊的情况，例如，带有娱乐性质的全年总结大会之外，其他的会议一定要严格控制会议时间，直奔主题。例如，像一些新制度宣传、新方案试行、新流程说明、严重违纪事情的处理通报等，领导者应尽量把会议时间控制在半个小时以内。而对于一些小组或者办公室例会，如晨会、晚会等，一般5分钟即可。跨部门的晨会最好也不要超过20分钟。当然，企业的情况不同，具体的时间也会有所差别，但总的原则一定要把握住，那就是会议要言之有物，能够帮助或者推进工作更好进行。

3.明确会议的目的和主题

刘华是某公司的总经理，在一次年初的动员大会上，刘华跟大家作了一段报告，可是报告作完之后，他的员工各个一脸茫然，不明白他在说些什么。

刘华在会上说："新的一年要到了，我们公司今年的销售目标要达到1000万元，我们的产品质量一定要提高，我们一定要在三个月的时间内攻克技术难题，我们的销售目标争取在10个月时间内就全部完成，对于财务问题，我们……关于公司的奖励制度，我是这么安排的……"

刘华作为会议主持人，在会议开始时，没有给与会员工一个明确的信息，在会议上想到哪里说到哪里，没有主题，没有目的，也难怪下属会有这样的反应。如果在一个企业里，领导经常这样开会，不但不会使企业向前发展，还会降低员工的工作效率。因此，领导者一定要注意，在开会方面首先要做到"三不开"，即没有明确主题的会议不开，没有准备的会议不开，和自己无关的会议不开。其次，在开会之前，先明确"4W1H"，即

Why——为什么要开会？

What——会议的主题、内容是什么？

When——会议什么时候开？

Where——准备在哪儿开？

How——怎么开？

领导者只有在开会前明确了这些内容，才能通过会议达到预期的效果。

4.领导者应该建立会议效果跟踪制度

很多企业领导者在开会的时候言简意赅、主题分明、目的明确，员工听了也很受鼓舞，然而会议结束后，没有跟踪，全靠员工自觉执行。这样的话，开会就很可能演变成集体无意识的“怠工”行为，他们经常会以“我在开会”为借口推卸工作责任。

从众效应：会议需要建议，而不是服从

所谓从众效应，是指个体受到群体的影响（引导或施加的压力），会怀疑并改变自己的观点、判断和行为，朝着与群体大多数人一致的方向变化。也就是指：个体受到群体的影响而怀疑、改变自己的观点、判断和行为等，以和他人保持一致。也就是通常人们所说的“随大流”。下面的这则寓言，说明了人们大都有从众心理：

一位石油大亨到天堂里参加会议，一进会议室发现座无虚席，自己没处落座，于是，他灵机一动，喊了一句：“地狱里发现石油了。”这一喊不要紧，天堂里的石油大亨们纷纷朝地狱跑去，很快天堂的会议室里只剩下那位后来的石油大亨。这时这位石油大亨在想，莫非地狱里真的发现石油了？于是，他也急匆匆地朝地狱跑去。

如今，虽然我们每个人都标榜自己有个性，但是很多时候，我们却不得不放弃自己的个性而“随大流”，因为我们每个人都不可能把任何事情都了解得一清二楚，对于那些自己不太了解，没有把握的事情，我们一般都会采取“随大流”的做法。即便有时候出于无奈，也会“随大流”。

有位心理学家做过这样一个有趣的实验：他让5名实验参与者保持一定距离，往前走。第一个人走到指定地点后停了下来，抬头望着天空；接着第二个人、第三个人……都依次来到第一个人旁边，也都一言不发地望着天空。心理学家想看看周围的路人对此情况有何反应。结果，周围的人都会不由自主地朝那5个实验参与者望着的地方看去。

社会心理学家认为，人类有一种模仿他人行为的本能冲动，而在上面这个实验中，周围人的行为现象就是从众心理的一种表现。它是人们自觉或不自觉地以多数人的意见为准则，作出判断、形成印象的心理变化过程。

那么，人为什么具有从众心理呢？

著名心理学家迈尔斯是这样认为的：从众是个体在真实的或幻想的团体压力下而采取改变行为与信念的一种自我保护的倾向。也就是说，当个体感受到自己与群体格格不入时，他往往会对自己的观点、判断和行为等产生质疑，进而调整自己的认知及行为，使之符合群体的、社会的标准和规范。

可以这么说，压力是从众行为一个重要因素。正所谓“木秀于林，风必摧之”，当个体行为与众不同时，常常会成为其他成员孤立的对象，进而产生不安和心理压力。相反，当个体的行为与其他成员的行为一致时，即使“错”了，那也是“大家一起错”，心理上会有一种安全感。此外，没有信心，知识水平不够，掌握信息不够全面等原因也会导致从众行为。

尽管“从众心理”能够带给人们一定的安全感，并且让人们变得受欢迎，但是，从众也有着不容忽视的消极作用，它在很大程度上压抑了个性，束缚了思维，扼杀了创造力。

有一位叫富尔顿的物理学家，他采用了一种新的测量方法得出了固体氦气的热传导度，其结果比按照传统理论计算得出的数字高出了数倍。由于两者之间的差距太大，富尔顿担心如果公布这个结果，会受到众人的声讨，所以他就没有声张。

然而，不久之后，美国的一位年轻科学家，采用类似的方法也测出了固体氦气的热传导度，其结果与富尔顿的结果完全一样。这位年轻科学家公布了自己的测量结果之后，很快就在科技界引起了广泛的关注。富尔顿听说后，追悔莫及地写道：如果当时我能少一些“从众心理”，多一些“创新”，那么本来该属于我的荣誉就不会被那个年轻的科学家拿走。

富尔顿与年轻科学家的成败区别就在于能否减少盲从行为，能否理性地分析问题。从众心理只会让人们一味地说老话、走老路，沿用老习惯，这势必严重阻碍人们以新的思维方式去思考问题，去寻求创新。

“从众心理是一把双刃剑”。在特定的条件下，比如，作为判断依据的信息不充足或不准确，从众行为是很难避免的。有时，这种模仿策略可以有效地帮助我们避免风险和取得进步。然而，不顾是非曲直地一概服从多数，随大流，则是消极的从众效应，是不可取的。

因此，领导者在开会的时候，为了避免“从众效应”或“从众心理”现象的产生，应该直截了当地告诉你的员工或者下属，开会的时候领导者需要的是建议，而不是服从。要告诉员工或下属，在会议上要积极发言，积极提出意见，阐述自己的想法，哪怕提出的意见或想法不正确或不被领导者采纳，甚至是一些“忤逆之言”，领导者也不会在会后进行报复等。当然，在会议上避免“从众心理”现象的事情发生，最好的办法就是领导者日常形象的塑造，通过日常与下属或员工的接触，让大家都明白你是一个积极听取别人意见的好领导，这才是最好的方法。

参考文献

[1]中实. 做领导要懂心理学[M]. 北京：中国纺织出版社，2011.

[2]祝晓芹. 领导不可不知的心理学常识[M]. 北京：金城出版社，2011.

[3]周理弘. 领导干部要懂心理学[M]. 北京：当代世界出版社，2011.